Obsession de Dieu

DU MÊME AUTEUR

Essais biographiques :

Jeanne de Flandreysy, ou la passion de la gloire, éd. de la Salamandre.

Gustave Thibon, témoin de la lumière, Beauchesne.

Jean Salusse, éd. de la Caisse nationale des monuments historiques.

Jean-Paul II, témoin de toujours, éd. Le Sarment.

Dialogues :

Dieu existe-t-il ? Non répondent..., Fayard.

Dieu existe-t-il ? Oui, Fayard.

Entretiens avec Gustave Thibon, Fayard.

La mort, un terme ou un commencement ?, Fayard.

Au nom du Pauvre, éd. SOS.

Essais :

Les Réalités latines (ouvrage collectif), éd. de la France latine.

Les jeunes d'aujourd'hui (ouvrage collectif), Le Centurion.

Il était une fois l'enfant, Fayard (Grand Prix catholique de littérature, 1985).

A ceux qui ne croient plus en rien ni en personne, Fayard.

Théâtre :

Bâtisseurs de cathédrales, éd. SOS.

A paraître :

Avoir vingt ans pour être qui ? (Dialogues), Desclée de Brouwer.

Christian Chabanis

Obsession de Dieu

Les chemins de ma vie

DESCLÉE DE BROUWER

76 bis, rue des Saints-Pères, 75007 Paris
ISBN 2-220-03163-2

Christian Chabanis nous a quittés le 25 avril 1989. En exergue de cette première publication posthume de ses manuscrits inédits, voici l'hommage que lui rendit André Frossard, de l'*Académie française* :

Christian Chabanis était un écrivain et un penseur d'une espèce rare, un écrivain spirituel. Il savait qu'il y a beaucoup plus que la nature dans la nature, beaucoup plus que l'être humain dans l'être humain, et que toutes choses dans le ciel et sur la terre subissent l'irrésistible attraction de l'invisible dont elles sont issues… Il avait une vie intérieure profonde, dans une lumière tamisée par la gentillesse de son cœur. Il a écrit des livres qui sont autant de documents sur l'esprit de son temps, et lorsque vous le lirez, vous verrez cette chose exceptionnelle, à vrai dire unique, vous verrez à l'œuvre une intelligence douce.

1

Dieu n'avait pas de nom

J'essaie de me souvenir quel jour, dans quelle bouche, j'ai entendu pour la première fois le Nom de Dieu, mais je n'y parviens pas. Je voudrais pourtant marquer d'une pierre blanche l'instant où tous les autres prennent un sens. Une seule certitude : ma petite enfance l'ignorait, et j'en éprouve un regret comme d'une absence qui aurait privé le commencement de ma vie d'une lumière irremplaçable. Rien ne m'étonne davantage que les hommes auxquels un tel privilège fut accordé et qui le méprisent par la suite. Quand je lis, sous la plume des hagiographes, que Maximilien Kolbe ou saint Louis ont appris sur les genoux maternels à balbutier les premiers mots d'une prière, l'envie me saisit de ce bonheur inconnu.

Certes, mes parents n'ont jamais failli à l'amour, et j'ai reçu d'eux plus qu'il n'en faut pour rendre une enfance heureuse. Quelque épreuve qu'ait traversée leur couple, il ne s'est pas rompu au long des années, et ils ont mis au monde six enfants. C'est dire, en ce siècle avare avec la vie, la générosité naturelle de leur cœur : ils ont inscrit leur existence dans la durée, sinon dans l'éternel. Rien de ce qu'il était en leur pouvoir de leur offrir ils ne l'ont refusé aux êtres qui leur devaient déjà l'existence.

Je me souviens, au moins, qu'ils m'ont pris par la main, vers les neuf-dix ans, pour m'inscrire à mon premier catéchisme. Car il allait de soi, dans un pays encore catholique il y a seulement trois décennies, que nous fussions baptisés, que nous fassions notre première communion, selon une tradition française à laquelle ils obéissaient comme à une convention parmi d'autres. Il fallait alors, pour s'y dérober, au moins autant d'audace qu'aujourd'hui pour la prolonger.

Mais je ne me souviens pas qu'une seule fois, mon père ni ma mère, ni personne de mon entourage immédiat, m'ait nommé Dieu avec amour. Dieu n'a pas fait partie de mon premier vocabulaire, comme en faisaient partie cependant d'autres réalités aussi essentielles que la famille, la terre natale, la maison des miens et son environnement enchanteur pour celui à qui les lieux importaient déjà presque autant que les êtres.

Mais à l'heure où le regard de l'enfant est si bien fait pour pénétrer l'invisible, où il attend avec une confiance infinie qu'on lui ouvre les portes de ce royaume dans lequel il se sent aussitôt chez lui, j'ignorais le Nom de Celui qui en est le maître silencieux. Je suis bien le fils de ce siècle chaotique, qui a « déreligionnisé » l'éducation, la société, l'univers, et qui installe l'enfant dans un cercle mécanisé où il n'est plus lui-même que le fruit d'une technique un peu plus élaborée. Ma petite enfance ne savait quel nom donner à cet élan spontané de tout enfant pour la source infinie d'où il vient de naître. Dieu n'avait pas de nom. A l'âge métaphysicien par excellence, où la question universelle des quatre-cinq ans n'est qu'un perpétuel « pourquoi », sans doute embarrassant pour les aînés installés dans les « comment », j'ignorais que Quelqu'un offre à chaque pourquoi de l'homme une oreille absolue. Mes proches aussi l'ignoraient.

Mais l'interrogation de toutes les enfances, à travers tous les âges et tous les continents, se moque de la résistance qu'on lui oppose, et reste, envers et contre tout, une interrogation sur le sens, c'est-à-dire sur Dieu. Que par des méthodes plus ou moins brutales, dans un esprit plus ou moins sophistiqué, la question de l'enfant soit réduite au silence par le siècle, ne la rend pas moins irrésistible d'être refoulée. Si Dieu n'avait pas de nom, ma petite enfance Le cherchait néanmoins par-delà tous les noms, puisqu'elle Le reconnut aussitôt qu'Il fut nommé devant elle. Aucun n'avait pu lui tenir lieu de celui-là.

Mais j'ignore quel jour, dans quelle bouche, j'ai entendu pour la première fois la syllabe décisive. J'en suis réduit prosaïquement à supposer que ce fut au cours des leçons de catéchisme chargées de compléter une fois par semaine l'instruction toute laïque à laquelle j'étais par ailleurs astreint. Et qui ne répondait pas à toute ma soif. Témoin l'incident apparemment mineur, mais qui m'est resté si présent à l'esprit que j'éprouve encore à l'évoquer une sourde émotion.

Je n'avais certainement pas plus de huit ans, et jamais encore approché la mer, pas même la Méditerranée, si voisine pourtant de mon sol natal qui suffisait alors, il est vrai, à toutes les découvertes. Je n'avais pas non plus ouvert encore Baudelaire, là où il évoque avec tant de vérité « l'homme berçant son infini sur le fini des mers », puisque l'infini se tient au cœur de l'homme et de l'enfant de l'homme. Mais j'entends toujours, et je vois, ce garçon de ma classe me parler, sur une cour de récréation agitée et bruyante, de l'océan qui venait de lui être révélé quelques semaines plus tôt.

Certes, le Rhône, mon fleuve, celui de ma ville, m'avait offert des images fortes. Aussi bien lorsque son large flot débouche en amont de la cité, que lorsqu'il disparaît à l'horizon dans un méandre imposant, j'avais pu entrevoir des perspectives lointaines et inconnues qui mettent dans l'âme une interrogation muette sur l'ailleurs. Mais rien qui ressemblât à ce que décrivait mon petit camarade : une nappe immense, démesurée, dont on voit où elle commence sur une plage et à nos pieds, mais pas où elle finit. « Parce qu'elle ne finit pas », tranchait-il. Comme si l'infini de l'espace et du temps se confondait en un seul infini. Et je lui demandais soudain avec inquiétude, moi qui avais toujours aperçu une autre rive face à toutes les rives où je me tenais : « Tu es sûr que l'océan ne s'arrête nulle part ? Tu ne voyais pas la terre en face, comme sur les bords du Rhône quand la brume est épaisse, mais n'importe si cette terre était cachée : elle existe ! »

« Non, disait l'autre tranquillement, il n'y a aucune autre rive, l'océan ne s'arrête jamais. » Qui lui avait mis, ou laissé, une pareille absurdité et une pareille assurance dans la tête ? Qu'il acceptât cette idée sans trembler, n'était pas le moindre, en effet, de mes étonnements. J'avais beau me répéter que cela était impossible, qu'il suffisait d'ouvrir une carte pour repérer, au moins sur le papier, cet autre rivage, même invisible à nos yeux : ce qui l'emporta soudain sur toutes les considérations rationnelles, c'est l'affirmation de l'enfant dans sa radicalité métaphysique, l'image qu'elle mettait devant mes yeux interdits : une étendue qui ne s'arrête plus, où rien ne vous arrête, si loin qu'on avance. L'absolu du vide. J'étais suffoqué, saisi d'un vertige dévastateur qui m'ôtait tous mes appuis. Je n'entendais plus le gamin qui devait poursuivre ses explications oiseuses : je plongeai dans l'indicible.

Mais à peine rentré en classe, j'interrogeai pourtant l'institutrice : je voulais en avoir l'esprit net. Or, par un de ces concours de circonstances qui entretiennent les plus extravagants des quiproquos, elle aussi ne vit que mon désir de poser quelque chose — n'importe quoi — au bout de l'horizon. Et pour bien m'en défaire, et marquer qu'en effet il n'y a rien que l'océan s'abîmant en lui-même et interdire à mon esprit d'y projeter l'image ou l'imagination d'un quelconque rivage, elle soutint l'affirmation absurde de mon petit camarade : en face, il n'y a rien, que je traduisais : il n'y a rien que le rien ! Elle balaya mes interrogations, dont je n'avouais pas la sourde angoisse, avant que je ne les aie complètement formulées et qu'elle ne les ait complètement entendues. « Oui, disait-elle, rien que l'océan, toujours l'océan. L'autre rive est si loin : c'est comme s'il n'y en avait pas. » Énorme déclaration, que sa bonne intention pédagogique ne suffit pas à excuser.

Et elle m'envoya promener avec agacement, parce que mon interrogation pressante la gênait — je me souviens de cette gêne. « Demande à tes parents de t'emmener au bord de la mer : tu verras et tu comprendras. » Comme j'étais premier de la classe, et dans les bonnes grâces de l'institutrice, ce dialogue de sourd avec elle me laissa dans un sentiment de terrible abandon. Elle parlait dérisoirement de la mer, quand je l'interrogeais sur l'au-delà de toutes choses. Je n'avais pas su trouver les mots, partager l'interrogation qui montait du plus profond et dont l'océan n'était plus que le prétexte : celle de l'infini, que l'idée du vide dessinait en creux. Je me souviens de lui avoir répété : « Mais qu'y a-t-il au bout ? Tout au bout ? » Et comme elle ne voulait toujours que me défaire de l'idée que je pourrais apercevoir quelque chose, elle trancha plus brutalement : « Il n'y a rien, te dis-je. » Et tourna la page.

Moi pas. J'entends toujours ce rien qui me laissa désemparé. Je n'ai pas oublié quel vertige éprouva ma petite enfance, auquel personne ne sut faire écho. Car l'institutrice, femme bien en chair et sûre d'elle, ne voyait dans mon interrogation qu'une maladroite curiosité touristique. Ou si elle vit davantage, derrière ses verres étincelants, elle se garda de le relever, comme aurait su le faire une éducatrice préparée à écouter la question extrême de l'enfance. Même quand elle est mal formulée.

Et lorsque je repris la question chez moi, le soir, dans l'attente infinie que ma famille, au moins, ne rabattrait pas, sur mon incertitude, le couvercle des réponses convenues, personne, non plus, ne sut donner à mon étonnement sa véritable dimension. « C'est promis, nous irons voir la mer », est aussi la réponse que j'obtins. Et, en effet, mon père m'emmena un jour à Marseille, où habitait sa sœur. Mais si j'étais impatient, certes, de voir la mer, mon attente ne se résumait pas à cette impatience. Personne ne sut dépasser ma propre maladresse à démêler l'essentiel de l'anecdotique. Se saisir de l'anecdote pour aller à l'essentiel : qu'il y a, très loin, une autre rive en effet, bien qu'on ne la voie pas, mais que l'immensité de l'océan a justement toujours invité l'homme à franchir les limites que ses yeux lui imposent. Ainsi, à la seule évocation de cette immensité, mon esprit s'était avancé jusqu'au lieu où le monde visible en appelle à l'invisible. J'apprendrai, un jour, que Victor Hugo appelle Dieu « l'Océan d'en haut », et j'aimerai son expression, comme un écho tardif à ma première angoisse métaphysique.

Mais n'importe le prétexte : j'ai vu, depuis, un enfant pleurer la mort d'une grand-mère avec des larmes qui ne coulaient pas seulement des yeux mais de l'âme. Il fixait l'horizon inconnu vers lequel elle s'en était allée, et il interrogeait aussi ce lieu inconnu sans qu'apparemment on prêtât davantage attention à sa question qu'à la mienne. On n'y voyait que l'effet d'un premier chagrin.

Le soir, après que se fut produit cet incident, enfant si rieur que je fusse (je n'ai dans la mémoire aucune autre larme d'enfance), je me souviens d'avoir aussi pleuré. Sans raison. Ou pour une raison plus mystérieuse que la raison ordinaire des larmes, comme si venait de m'être révélée cette « partie supérieure de l'âme » dont parle Simone Weil, « qui ne se nourrit que de faim », que ne satisfait aucune nourriture de substitution à celle qui vient de Dieu, et qu'en conséquence, le mystère de la condition humaine m'eût envahi d'un coup, et dans son ampleur. Je ne suis pas sûr, d'ailleurs, que ces larmes fussent de tristesse ou d'effroi : plutôt d'attendrissement dans l'approche d'une révélation incomparable.

Longtemps, bien après avoir vu moi-même l'océan, et contemplé son espace sans frontières ; bien après que la géographie ait répondu à l'aspect élémentaire de mon interrogation et que j'ai su vers quels autres ports s'embarquent les navires qui disparaissent à l'horizon, j'ai continué cependant d'éprouver le même vertige devant l'abîme ouvert par les propos futiles d'un enfant. L'abîme ne s'est jamais refermé. Non seulement parce que personne ne m'a simplement nommé les Amériques, mais parce que personne ne m'a nommé Dieu, et avec un égal aveuglement, s'est employé au contraire à faire entrer mon interrogation métaphysique dans la catégorie des questions sans objet, où il était plus facile de la réduire.

Le jour, pourtant, où ma bouche l'a nommé, je sais qu'ayant entendu ce Nom, il ne devait plus se laisser oublier. Ni confondre avec aucun autre. Si tard — neuf ans, c'est déjà vieux ! — pour la révélation de l'autre face de l'univers ! Mais avant, tout de même, que les passions aveugles n'aient eu le temps de brouiller les cartes. Le regret de ces neuf années perdues m'a conduit à veiller d'autant plus, chez mes propres enfants, à rester à l'écoute de ces appels qui montent de l'âme et qui nous dépassent.

Car ils nous dépassent, et nous devons les laisser nous dépasser ; puis entrer, avec eux, dans ce dépassement même. Ils s'adressent à travers nous, à plus loin que nous, et nos regards emprisonnés par les débats empiriques, ils les tournent dans la direction des réalités premières et ultimes. L'enfant pose la question à laquelle nous ne pouvons pas répondre, la question qui rouvre n'importe quel esprit un peu attentif à l'évidence centrale du mystère. Sa question est faite pour Dieu, pour Lui seul. Dieu seul répond à une interrogation si fondamentale. Quelque effort que le siècle entreprenne pour offrir à l'enfant une réponse qui ne le dépasse pas, qui réduise l'infini au fini, l'enfant revient — et un autre enfant après lui, quand celui-là s'est tu — à la question qui nous dépasse. Celle, par conséquent, qui embarrasse notre suffisance, que l'on ne voudrait pas poser, et qu'il pose. Celle qu'il faudra bien, quelque jour, se résoudre à nouveau à reprendre avec lui.

« Papa, pourquoi Dieu est-il invisible ? », m'a demandé ma fillette de cinq ans, dans la somptueuse basilique romaine où elle avait mis sa petite main dans la mienne. Loin de s'en laisser imposer par les statues démesurées, les dorures et les marbres, elle ne cherchait, à travers l'opulence du visible, que Celui qu'on ne voit pas. Et comme je marquais un temps avant de répondre, impressionné par l'ampleur de l'interrogation, elle n'attendit pas, se répliquant presque aussitôt à elle-même : « Ah oui, je sais ! Si on le voyait, les méchants le tueraient. »

Elle parlait comme Pascal : plus une réalité est élevée dans l'ordre de l'esprit et du cœur, plus elle est menacée dans un ordre inférieur au sien. Sa puissance, dans son ordre, la rend en quelque sorte vulnérable dans l'autre. Lorsque Dieu s'est rendu visible, les « méchants », en effet, l'ont tué, et l'innocence absolue est morte nue, sur une croix. Mais la réciproque est vraie : à Moïse qui prétendait contempler la Face de Dieu, l'Écriture répond : « Tu ne peux pas voir ma face, car l'homme ne saurait me voir et vivre[1]. » Le tuer par nos propres limites ; ou mourir à nos limites.

L'enfant avait saisi d'emblée, placée au cœur du mystère, que l'on ne demande à Dieu que d'être Dieu, c'est-à-dire le Tout-Autre que nous-mêmes. Mais non pas étranger à nous. Elle avait compris qu'à Le faire entrer dans nos catégories, on altère sa réalité jusqu'à la nier. Dieu reste invisible pour échapper à nos meurtres, et c'est justement devant l'invisible que l'âme de l'enfant se rendait. Pas devant les marbres et les ors de la basilique, si impressionnée fût-elle par le spectacle qu'ils lui offraient. Elle avait fait toute seule la demande et la réponse qui viennent de plus loin que nous, parce que déjà murmure en nous, à travers les mots humains, l'Esprit qui souffle où il veut.

Sans doute, le jour où son Nom fut prononcé une première fois devant moi, ai-je aussi reconnu qu'il venait de cet horizon où la réalité se dérobe aux yeux humains, sans que les yeux humains renoncent pourtant à la contempler, horizon qu'ils scrutent, au contraire, avec une insistance renouvelée à travers les âges, dans l'attente, justifiée, d'une révélation qui confirme leurs pressentiments d'éternité.

Attente inutile, devait pourtant m'affirmer un jour un ami psychiatre. « Vous introduisez en nous une nature que vous appelez divine et que moi j'appelle obsessionnelle [...] C'est pourquoi j'ai mis les causes premières dans un petit tiroir fermé à clef. » Comme je lui demandai alors « pourquoi certaines interrogations seraient des obsessions, celles sur les causes premières, tandis que d'autres ne le seraient pas », il

1. Exode 33,8-23.

m'opposa : « Parce qu'elles sont insolubles[2]. » A quoi je continue de répliquer : « Comment savoir qu'elles sont sans réponse si on refuse de les poser ? »

Qu'un enfant, tout à coup, en appelle à l'absolu de toute la fraîcheur de sa propre nouveauté, et la faute entre les fautes est d'ignorer cet appel, quand même on répondrait à tous les autres. « Laissez venir à moi les enfants », dit le Christ à ceux qui, n'imaginant entre eux et Lui rien de commun, cherchaient à s'interposer. Et il ajouta : « Le Royaume leur appartient. » Dieu leur appartient. Mon enfance n'a fait que se saisir de ce qui lui appartenait. Longtemps sevrée du Verbe essentiel à toute existence, elle s'est jetée sur le Nom d'abord inconnu d'elle, comme on s'embarque pour un voyage sans retour. Elle a compris d'emblée — et j'y vois aujourd'hui l'effet de la grâce — que la plus grande aventure, l'aventure intérieure, l'aventure éternelle, venait de commencer. Qu'elle ne finirait pas avec l'enfance ou la jeunesse, ni même avec l'existence, parce qu'au bout de cet horizon dont le mystère l'avait d'abord pétrifiée, elle apprenait que Quelqu'un attend l'homme. Et que cette présence accompagnerait désormais toutes les heures.

S'il m'arrive aujourd'hui d'accepter ces débats où des juges sévères proposent de remplacer un mot qu'ils tiennent pour usé, par des formules qu'ils qualifient de plus adaptées à la réalité divine, mais surtout à celle de notre siècle, c'est pour affirmer, au contraire, que ce Nom n'a jamais perdu, depuis les jours où je l'entendis la première fois, le pouvoir de rouvrir sur une perspective infinie le discours le plus clos. Qu'un

2. CHABANIS Ch., *Dieu existe-t-il ? Non, répondent...*, Fayard, p. 129.

soir de banale représentation théâtrale, une bouche distraite l'énonce, et soudain l'attention appesantie est visitée par un écho des choses suprêmes. Elle se réveille d'un songe. Je n'éprouve pas de difficultés particulières avec le mot Dieu, ni sémantiques, ni métaphysiques. Je le prends comme il est dit lorsque des bouches saintes le prononcent, c'est-à-dire comme une syllabe trop humaine, certes, pour une réalité qui ne l'est pas, mais qui autorise pourtant les bouches infirmes elles-mêmes à prononcer l'Imprononçable.

Car je sais que doit être nommé Celui qui ne saurait l'être parfaitement que par Lui-même, Dieu seul connaissant son propre Nom. Mais du plus loin de mon enfance, j'ai appris que si Dieu n'a pas de nom, il est renvoyé aux royaumes des ombres. Et la grande absence qui en résulte vide le monde lui-même de sa réalité, au point que l'homme n'est plus qu'une ombre à son tour, dans le siècle où il prétendait le plus librement disposer de soi.

Proscrire ce Nom, le vider de sa substance et de son attrait, est cependant l'opération sanglante à laquelle ont consacré leurs forces des hommes qui pensaient construire un empire intellectuel, politique, voire spirituel sur cette éviction. Et Dieu les a laissés faire, comme s'Il n'avait, Lui aussi, qu'une obsession : la liberté de l'homme. Une liberté comparable à la sienne. Comme si Dieu n'attendait rien des hommes que ceux-ci ne consentent de leur propre chef à lui offrir. Parce que l'amour n'exige pas ce qui lui revient.

Ainsi permet-Il que son Nom soit absent de millions de bouches remplies de millions de mots, comme s'Il n'était pas le Verbe, *alpha* et *oméga* de toute parole. A longueur de jours et de nuits, radios, télévisions, téléphones, déversent sur le monde un torrent ininterrompu où son Nom est tu. Mais de plus loin que toutes les enfances, que tous les bruits et les silences, de l'origine même de l'univers, remonte l'irrésistible appel à Celui qui n'a plus de Nom. Appel ignorant souvent Qui il appelle, comme l'enfant, au bord de l'océan, écarquillait les yeux sur un vide immense où il ne reconnaissait rien ni personne.

Mais que Dieu soit nommé dans ce vide, et soudain il remplit de son seul Nom, et l'espace, et l'oreille. Et l'enfant n'aura de cesse, comme l'homme aujourd'hui, qu'il n'ait rencontré Celui qui se tient derrière ce Nom. Son appel deviendra invocation, l'invocation : prière. Et l'unique prière qu'élève une bouche incertaine est celle que Psichari murmurait dans le même fol espoir : « Mon Dieu, si vous existez, faites-le-moi connaître ! » Or, il était le petit-fils de l'écrivain qui a le plus fait pour qu'on oublie le Nom de Dieu au profit du sien : Ernest Renan. Étonnante résurgence !

Dans la maison qu'à Washington, des amis mettaient pour un mois à notre disposition, nous étions assemblés, un soir, avec une cinquantaine d'Américains, pour une de ces études bibliques familières aux milieux protestants. Je venais de terminer ces lignes dans la journée, et, distrait, je cherchais une fois encore à forcer mon souvenir pour retrouver l'instant où le mot Dieu résonna pour la première fois à mon oreille. En vain. Or, tout à coup, comme en écho à mon interrogation, mon ami le révérend Dick Halverson, chapelain du Sénat américain, homme de Dieu s'il en est, entonna un cantique qui, dans sa simplicité et sa tendresse, répondait à ma question au-delà de la question. Une mélodie facile, des mots de tous les jours que chacun reprit en chœur et à mi-voix : la foi traduite en mélopée, comme il en jaillit au profond des peuples :

« *His name is wonderful ; his name is wonderful ; his name is wonderful...* » « Son Nom est prodigieux... Jésus mon Dieu. » Thomas, l'apôtre, dans l'instant où il revient de son incrédulité, ne prononce aussi que ces deux mots : « Mon Seigneur et mon Dieu[3] ! » L'adoration a-t-elle besoin d'en dire plus quand elle a reconnu Celui à qui elle est destinée ?

3. Jean 21,28.

2

Du Dieu lointain au Dieu proche

Mais comment Dieu, si lointain que seuls les lointains de l'horizon me parlaient d'abord de Lui, est-il devenu proche, si proche, qu'Il semble désormais plus intérieur à moi que ma propre intimité ? Certes, à peine fut-Il nommé à mon enfance, qu'elle ne se lassa plus d'écouter parler de Lui, comme s'il montait de cette parole un chant incomparable. Il me suffisait d'entendre son Nom pour dresser l'oreille, et je cherchais toutes les occasions d'approcher ceux qui le nomment avec respect, dans l'espoir qu'ils sauraient de Lui plus que n'en savait mon entourage. Ainsi ai-je obtenu de ma famille qu'elle me confiât à un collège religieux qui respectait sa vocation essentielle.

Il est convenu, depuis, de médire de ces institutions et de ne les évoquer qu'à propos d'amitiés particulières et autres anecdotes non plus reluisantes qui, pourtant, ne secouaient jamais qu'un instant leur surface tranquille. Mais c'est tout ignorer de la profondeur humaine où ils installaient d'emblée le jeune âge ; et pour le reste de la vie. Les plus acharnés contre eux y ont puisé un élan qui les soutient encore, même détourné de son but. Ces viviers étonnamment fertiles en brusqueries garçonnières, en tendresse limpide, en dévouements inoubliables, rien ne saurait les remplacer.

Et rien ne remplace, notamment, cette présence familière de l'autre monde dans le quotidien de celui-ci : la chapelle au milieu du collège, où Dieu se tient, vingt-quatre heures sur vingt-quatre, à la disposition de qui veut L'approcher ; la prière, au début des cours ; la messe, au petit matin. Je suis allé instinctivement vers cette source y chercher Celui qu'en effet elle est en puissance d'offrir aux jeunes êtres : Dieu, qui appelle à la profondeur leur insouciance même.

Mais ce n'est pas répondre à la question. Tout ce que tente l'homme pour approcher Dieu, ne dit rien de ce que risque Dieu pour approcher l'homme. D'où vient qu'un jour la distance n'est plus une distance, sans que pour autant Dieu soit moins Dieu ? Qu'il devient inutile de partir à sa recherche aux confins de l'océan, même si l'infini de l'océan continue de parler de Lui à sa manière ? Puisque tout parle de Lui : au profond de soi ; au cœur du monde. Ainsi, je ne rencontre plus un visage assez répugnant ni assez beau pour masquer la face divine qui l'habite : elle transparaît en lui malgré lui, au-delà de la beauté comme de la disgrâce. Aucun ne peut faire oublier ses traits originels, et qu'il ressemble moins à un ancêtre qu'à la face inconnue et éternelle dont les traits remontent du fond des âges.

Même au cœur de ces replis secrets où ne pénètrent que nos pensées, je découvre sa présence : c'est Lui qui m'accueille en moi, et non le moi stérile qui se complait à l'introspection. Le Journal d'Amiel, et tant d'autres « miroirs de vanité », ne séduisent qu'un temps, mais Proust lui-même finit par ne remuer que de la poussière. Or, que dans un geste immémorial, les mains se joignent, comme celles des enfants, des vieilles femmes, et des statues de cathédrales où tout un peuple est en prière, que je ferme les yeux, et Il est là, témoin muet de moi-même et du monde. Il n'est de solitude qu'Il ne partage, de nuit où Il ne veille, de jour si transparent qu'Il ne rende plus transparent, comme s'Il nous attendait souvent où notre aveuglement imagine qu'Il va manquer. Il suffirait, me semble-t-il parfois, de Le nommer, de prononcer la syllabe familière et sacrée dans la cellule la plus retirée, pour que la présence invisible devienne aussitôt présence visible ; et ce qui me retient, c'est la certitude qu'Il ne serait pas pour autant plus proche qu'Il ne l'est lorsque la prière lui demande simplement d'être là, visible ou invisible, proche ou lointain, n'importe.

Comment l'océan, sans cesser d'être l'océan, a-t-il envahi un cœur d'homme sans qu'il se rompe ? L'océan ? Que dis-je l'océan ? Aussi immense qu'il apparaisse sous le regard, il n'est plus qu'étendue bornée devant cette autre immensité qu'est le mystère où Dieu se tient. Et le cœur de l'homme ne serait pas trop étroit pour qu'un tel mystère y trouve place ?

« Pascal avait un gouffre avec lui se mouvant » dit superbement Baudelaire. Il ne serait donc pas nécessaire d'être Pascal pour que l'abîme de Dieu remplisse le premier cœur venu ?

Ceux qui voient Dieu partout à travers la nature, dans les sources et sur les chemins, qui croient l'entendre avec les oiseaux et se lever avec l'aurore, ne s'étonnent pas qu'on le retrouve aussi dans un cœur d'homme. Pourquoi pas, disent-ils, puisque l'esprit divin remplit l'univers, la matière animée et inanimée, le vivant et le reste ? Chacune de leurs effusions sentimentales leur est prétexte à communier à cet esprit universel. Ceux qui mettent tout dans tout, et distinguent mal la création de son Créateur, passent allégrement les frontières entre l'une et l'autre, et trouvent quelque chose de Dieu là où l'on donnerait soi-même à la ferveur un nom plus prosaïque, voire poétique quand il le faut.

Tous les panthéismes, dans leurs élans confiants ou dionysiaques, ont ainsi brouillé des distinctions que la pure mystique — et la pure théologie — s'empressent de rétablir. Les bénédictions qui montent du cœur de saint François d'Assise, si elles célèbrent « notre frère le soleil » et « notre sœur l'eau », ne s'élèvent pourtant que vers le Dieu unique. Le cantique des créatures chante la création avec le Créateur, mais ne les confond pas.

La grâce accordée à mes seize ans fut de rencontrer d'emblée cette sagesse pure, ces philosophies et ces mystiques de la distinction plutôt que du syncrétisme, qui sont une ascèse pour l'esprit autrement exigeante que les débats intellectuels : celles des Simone Weil, des Gustave Thibon, et les autres, auxquelles eux-mêmes alimentent leur vie et leurs œuvres. Elles m'interdirent, à la faveur de quelque enthousiasme douteux, de céder aux confusions fatales. Dieu est dans le progrès et dans la nouveauté, me disait alors celui-ci, pressé de réconcilier Dieu et le siècle. Il est dans une tradition immuable, rétorquait l'autre, rêvant de fixer l'éternel sur les berges des temps qui passent. Dieu est d'abord « mon » Dieu, proclamaient à l'envie, et les uns et les autres, qui faisaient de Lui, et le font encore, dans les directions les plus contradictoires, la projection divinisée de leurs chimères, de leurs intérêts et de leurs ambitions.

A quoi Thibon répondait, dans un aphorisme qui résume bien des livres et que je ne me lassais pas de méditer : « Dieu n'est jamais totalement présent dans ce que nous avons de meilleur, s'il n'est jamais totalement absent de ce que nous avons de pire. » Boutade presque, qui dénoue cependant, ainsi que toute pensée élémentaire mais essentielle, les mailles du filet où les esprits moins lucides emprisonnent leur réflexion. Et s'il est vrai que tel a rencontré Dieu jusque dans un camp de concentration, il n'est pas moins vrai que tel autre l'y a perdu. L'un, parce qu'il ne voyait plus que Dieu qui justifiât de survivre à tant d'horreur ; l'autre parce qu'il ne voyait pas que la foi en Dieu pût survivre à tant d'horreur.

Dieu est partout, mais nulle part où nous tenterions de le retenir. Nulle part et partout, non pas selon nos desseins de l'y voir ou de l'en exclure, mais selon qu'Il est Dieu, c'est-à-dire maître du temps et de l'espace, de l'heure et du lieu où Il manifeste qu'Il est Dieu. Il embrase et dénoue les contradictions dont nous faisons un obstacle entre Lui et nous ; Il rouvre tous les temples où nous croyions avoir mis la main sur Lui.

Il m'arrive de relire, et chaque fois avec une émotion

plus neuve, cette page du Premier Livre des Rois où il est annoncé à Élie, qui se proclame lui-même sinon obsédé du moins « rempli d'un zèle jaloux pour le Seigneur » que Dieu va se présenter à lui : « Sors, et tiens-toi sur la montagne, devant le Seigneur ; voici : le Seigneur va passer... » Suivent des instants phénoménaux, capables de frapper l'imagination humaine et les producteurs de grands spectacles. « Il y eut un vent fort et puissant qui érodait les montagnes, et fracassait les roches : le Seigneur n'était pas dans le vent. Après le vent, il y eut un tremblement de terre : le Seigneur n'était pas dans le tremblement de terre. Après le tremblement de terre, il y eut un feu : le Seigneur n'était pas dans le feu. » Et quand tous ces signes extravagants sont épuisés, qu'on s'attend — et peut-être Élie lui-même — à ce que le mont Horeb se crevasse et qu'il en surgisse des monstres casqués comme les dieux romains, le texte reprend : « Et après le feu, il se fit le bruissement d'une brise légère. »

Or Dieu était dans la brise, et « le passionné de Dieu », en l'entendant, « se voila le visage avec son manteau[1] ».

Dieu n'est pas toujours dans un souffle ténu. Il se manifeste aussi quelquefois dans le tonnerre, le déluge et autres opérations fracassantes. Des pages bibliques moins suaves que celle-là le rapportent aussi, comme pour aiguiser l'attention aux modes de présence les plus contradictoires. En fait, pour nous préparer à la vérité d'une rencontre nécessairement déroutante avec le Tout-Autre que nous : au plus violent de notre vie, quand il semble que la passion contraire ou le désespoir vont nous séparer de Lui ; au plus doux de l'existence,

1. 1 Rois 19,11-13.

quand nous pensons que le bonheur est entré pour toujours dans notre destin. « Où est donc ton Dieu ? », demandent à Job, avec l'ironie du scepticisme, ses amis qui le croient abandonné de Dieu sur son fumier parce qu'ils le croyaient chéri de Lui dans son opulence.

Job aussi se pose la question : où est Celui en qui il avait placé son espérance ? Il la pose à Dieu lui-même : serais-tu un autre que le dieu que j'imaginais connaître ? Et l'ultime prière de Job nous confirme que Dieu lui a répondu au-delà de toute son attente, dans le plus intime de son être : « Je ne te connaissais que par ouï-dire, mais maintenant, mes yeux t'ont vu[2]. » Ainsi, ni son fumier ni la richesse ne lui cacheront désormais celui que son regard a rencontré. A Jésus cloué sur la croix, les moqueurs jetteront le même défi : « Sauve-toi toi-même, si tu es fils de Dieu, et descends de ta croix[3] ! » Et le Christ ne répondra pas, abîmé non seulement dans la douleur, mais dans ce silence de Dieu, aussi déconcertant que son Verbe.

Car Dieu n'est prisonnier de rien, même pas de sa création tout entière, comme l'homme de ses actes ou de ses pensées. Il est une face de Dieu qui n'est tournée que vers Dieu, face éternelle qui ne regarde ni les créatures, ni la création. Et de même que celle-ci ne reprend pas deux fois les mêmes traits pour refaire un nouveau visage, de même Il ne renouvelle jamais deux fois la même apparition. Sa nouveauté, qui rend chaque jour toutes choses neuves dans le même temps où, paradoxalement, Il demeure immuable, est une perpétuelle surprise. Pour ceux qui croyaient le connaître. Et pour ceux qui croyaient l'ignorer.

---

2. Job 42,5.
3. Matthieu 27,40.

Les Simone Weil et les Thibon m'ont délivré d'emblée — et le dépouillement est rude à vingt ans — de lui assigner un mode de présence qui priverait sa divinité de sa constante nouveauté. Si les scribes et le peuple juif, spécialistes en la matière, n'ont pas reconnu dans les traits du Christ ceux du Messie qu'ils attendaient, cet aveuglement mémorable prête à réflexion pour la suite de l'histoire religieuse. Nous n'en sommes pas exempts. Les Actes des Apôtres sont pleins de ces débats entre ce qui paraît sacrilège à l'un : confondre Dieu avec un homme ; et motif d'éblouissement pour l'autre, dont le regard cède devant l'évidence surnaturelle. Les plus avertis, les meilleurs, sont déroutés par Dieu, comme on le mesure tout au long de l'épopée biblique et chrétienne. Lorsqu'Il donne un fils à Abraham, dans sa vieillesse et celle de Sara, celle-ci, d'abord incrédule, rit de la nouvelle. Or Abraham, quelques années plus tard, ne s'étonne même pas lorsque Dieu, selon un dessein impénétrable, voire révoltant, lui demande ce fils unique et bien-aimé en sacrifice. L'inattendu de Dieu a désormais envahi le fond de son être, et il a compris une fois pour toutes que Ses voies ne sont pas nos voies, ni Ses pensées nos pensées. Il n'a même que faire d'une explication de l'impossible.

Les Thibon et Simone Weil, les Bernanos et Maritain, m'ont mis en garde contre tous les concessionnaires exclusifs du Nom de Dieu, fussent-ils rabbins, pasteurs ou clercs, m'invitant soigneusement à distinguer les canaux et la source. Ils m'ont prévenu contre les conforts spirituels et intellectuels qui sont une tentation permanente, et dont il faut se défaire un jour quand on désire d'un grand désir Le rencontrer Lui-même, le désir devenant passion profonde et exclusive qui fait préférer Sa rencontre à toutes les autres, et refuser de La confondre avec aucune autre. Je ne dis pas qu'ils m'aient rendu certain l'accès à Dieu en m'ouvrant vers Lui des chemins assurés, je dis au contraire qu'ils m'ont averti contre la tentation de se satisfaire d'une divinité de substitution.

Ainsi qu'ils l'ont fait d'abord à l'égard d'eux-mêmes : « Je n'ai jamais cessé de lutter contre le péché du siècle qui vivait non seulement autour de moi mais en moi. Je n'ai jamais cessé de témoigner contre moi-même, de remonter ma propre pente. Et si mon témoignage a quelque valeur, il la tire toute de là », écrit Thibon. Ils m'ont prévenu contre les pièges du moi, si habile à se fabriquer ses idoles de circonstance ; et même contre leur propre intercession. « On a peu de reconnaissance pour un maître quand on reste toujours disciple » affirmait Nietzsche. Thibon y ajoutait, dans une lettre adressée à mes vingt ans et que je souhaite à chaque vingt ans de recevoir : « Tous les maîtres, si on se limite à leur enseignement, nous offrent des miroirs partiels et déformants. Il faut aller, au-delà de tous ces miroirs brisés, jusqu'à la source infinie dont l'eau nous révèle notre vrai visage. »

Ainsi leur dois-je d'avoir appris — il reste alors à le mettre en pratique — à réserver à Dieu ce qui lui revient, c'est-à-dire à rester attentif à ce que d'aucuns appellent des signes, que j'appelle simplement les surprises dont Il gratifie ceux qui en appellent à Lui. A se tenir prêt à cet inattendu, terrible ou heureux, où s'éprouve la vérité de notre soif. L'imprévisible de Dieu est le maître le plus propre à nous révéler si c'est bien Lui que nous poursuivons, ou autre chose que nous couvrons abusivement de son Nom. Mais de toutes les surprises, la plus inattendue est celle qui nous attend le jour où nous découvrons, comme saint Augustin ou Maurice Clavel, qu'Il nous cherchait bien avant que nous ayons fait un pas vers Lui. Qu'Il venait à nous tandis que nous n'étions encore occupés que de nous-mêmes. Dieu précède notre mouvement vers Lui de si loin et de si profond, qu'à l'instant de Le reconnaître, nous comprenons soudain qu'Il a tout conduit de cette rencontre.

A mon corps défendant, parfois, j'ai dû convenir ainsi que « tout est grâce », comme dit le *Journal* du curé de campagne, c'est-à-dire qu'Il n'est jamais si loin de nous que nous pensons l'être de Lui. Qu'en effet, Il est partout, afin qu'on puisse l'accueillir partout, et pas seulement où l'on voudrait qu'Il fût. Non pour diviniser quelque installation dans l'éphémère ou en soi-même, mais justement afin de prévenir toute installation trop particulière. Si bien que le Dieu lointain, paradoxalement, devient plus lointain encore, sa distance plus sensible, dès lors que l'on se refuse à l'identifier avec les ferveurs, les consolations qui viennent peut-être de Lui. Mais peut-être n'en viennent pas. Le Dieu lointain s'éloigne quand on se résout à sacrifier les idoles qui entretiennent l'illusion d'une relation immédiate avec Lui. Ainsi Jésus se met-il à l'écart de ses apôtres lorsque ceux-ci réclament une faveur par trop humaine. Le Dieu lointain reprend ses distances chaque fois que l'homme les oublie.

Mais Pascal souligne cependant avec raison que « tout le malheur de l'homme vient de ne savoir demeurer en repos dans une chambre », parce que toute la misère de l'homme vient de ce qu'il ne sait pas reconnaître dans une chambre le même infini dont les déserts et les espaces ne lui offrent qu'une image fuyante. « Pour toi, quand tu pries, retire-toi dans ta chambre, ferme sur toi la porte, et prie ton Père qui est là, dans le secret[4]... » Ainsi, chercher Dieu au désert n'offre ni plus ni moins d'assurance de l'y trouver que dans une cellule, même s'il est vrai que les déserts invitent plus violemment les hommes à regarder l'au-delà de leur assiette ronde, comme ils se bornent à le faire lorsqu'ils entretiennent des appétits élémentaires dans les restaurants luxueux.

C'est pourtant dans un tel établissement, me rappelait Eugène Ionesco, qu'un cinéaste génial (Bunuel) fait un jour passer sur lui un souffle de la grâce, lorsqu'à l'instant le plus saugrenu, un maître d'hôtel guindé confirme, devant ses clients vaguement attentifs, l'évidence indiscutable de Dieu. « Je veux vous parler de la scène où le maître d'hôtel d'un restaurant très chic voit arriver deux personnes qui prennent place à une table et parlent de choses et d'autres, en particulier de Dieu. Le maître d'hôtel s'interrompt dans son service puis revient vers la table et leur dit : ''Vous me demandiez si je crois en Dieu ? Mais Il existe : c'est évident.'' Puis aussitôt il leur demande : ''Alors, quelles sortes d'huîtres voulez-vous ?'' Mais ces mots-là, simplement dits : Il existe, c'est évident, ces mots-là, c'était l'évidence[5]. » Le surnaturel visitant le plus épais du quotidien, est une grâce extrême qui passe toutes les autres. Découvrir que Dieu se tient là où tout semble l'exclure, que sa puissance n'est jamais si éclatante que dans sa faiblesse, comme le rappelle à maint propos saint Paul, c'est consentir à Le reconnaître partout où il lui plaît de manifester quelque chose de Lui. En fait, à attendre

4. Matthieu 6,6.

5. CHABANIS Ch., *Dieu ? Non, op. cit.*, p. 338.

de toutes les circonstances et en tous lieux, que se dise l'invisible Présence. « Il y a au fond des choses une adorable pureté », constatait déjà Sophocle. Au fond de toutes les choses. Mais c'est de découvrir cette « adorable pureté » qui importe, plutôt que les choses elles-mêmes.

Jean, l'apôtre, nous propose une illustration extrême de ces apparences qui, à la fois, masquent Dieu et Le révèlent, quand il ose affirmer, ajoutant une dimension nouvelle au paradoxe : « Comment celui qui n'aime pas son frère qu'il voit, peut-il aimer Dieu qu'il ne voit pas[6] ? » La dialectique du lointain et du proche prend là un accent inédit, et l'anthropomorphisme est déplacé de son centre. Loin que le culte de l'homme, avoué ou déguisé, y trouve en effet son compte, ce que l'amour dont parle Jean invite à appréhender dans le prochain, ce n'est plus l'homme seul, mais justement le Dieu lointain devenu proche à travers lui. Comment, demande l'apôtre, celui qui ne le reconnaît pas à travers le visage humain et son mystère, pourrait-il apercevoir Dieu aux confins du monde ?

Mais la difficulté de le reconnaître si proche n'est pas moindre que de l'appréhender infini. Aimer le frère qu'on voit pour approcher Dieu qu'on ne voit pas, constitue moins une réponse qu'une interrogation plus profonde. S'il n'est d'autre clef que l'amour pour ouvrir la porte du mystère et pénétrer dans l'invisible, de quelle nature est cet amour qui rompt la distance entre Dieu et l'homme, de même qu'il rompt celle entre l'homme et l'homme ? L'amour dont Il aime ne saurait être le même que celui dont nous aimons, sans quoi nous ne verrions jamais autre chose, sur les

6. 1 Jean 4,20.

visages, que ce qui attire ou repousse d'abord en eux, mais non pas Dieu, présent pourtant en l'un et en l'autre. Si le pont qui passe entre Dieu et l'homme c'est l'amour, alors c'est de Dieu qu'il faut aussi apprendre à aimer, tant nos pauvres sentiments sont impuissants à soutenir un tel défi. Et nous voici renvoyés à Lui, où réside en fait le secret de ce qui nous paraissait tellement accessible à première vue : aimer un frère. Mais l'aimer quand on ne sait plus où il est notre frère, ou notre père, ou notre fils, il y faut un autre amour que celui qui ne reconnaît Dieu que dans les visages complaisants.

Le jour où notre amour est visité par le sien, où ce que le nôtre a de particulier et d'incertain, est rempli de ce que le sien a d'universel et d'inépuisable, le monde est rendu à sa pureté originelle, le visage le plus fermé révèle le sens de son mystère. Alors il est vrai que Dieu devient plus proche. Lorsqu'il suffit d'aimer ceux qui viennent à nous, quels que soient leurs visages, y compris celui de la haine, Dieu n'est jamais loin, puisque toujours quelque visage remplit cet office : d'ange ou de bourreau, de lépreux ou d'enfant, n'importe lequel offert par le destin. L'amour voit Dieu où Il est, à chaque instant Lui-même, à chaque instant un Autre.

Et s'il faut répondre au plus pressé, livrer d'un coup le nom de cet amour qui ouvre le regard à l'invisible dans le visible, nous dirons que le Dieu lointain, celui que l'homme priera toujours la face contre terre, n'a jamais révélé si parfaitement de quel amour Il aime que le jour où le Fils nous a invités à l'appeler Père. « Lorsque vous priez, dites : Père[7]... » Père lointain,

7. Luc 2,2.

puisqu'Il est « aux cieux », mais Père qui appelle chaque homme par son nom de fils du ciel. L'amour dont Dieu aime est celui du Père pour le Fils, du Fils pour le Père, amour-filiation dans lequel l'homme à son tour reconnaît son origine et sa fin. Le Dieu des savants, des philosophes, et même de certains théologiens, a échangé le nom de sa puissance pour un autre, aussi mystérieux sans doute, mais le plus familier des noms inventés par l'amour. Le Nom imprononçable devient un nom commun, où l'origine et la fin de l'homme sont révélées dans la lumière d'une destinée éternelle. D'où vient l'homme ? Du Père. Où va l'homme ? Au Père. Son histoire, limpide ou chaotique, est écrite dans ce raccourci. Et toute distance, toute rupture même, s'inscrit dans cette intimité définitive.

Je me souviens de quel accent blessé Pierre Emmanuel me confiait sa difficulté d'orphelin à prononcer la prière au Père. « Père est un mot, voyez-vous, que j'ai de la peine à dire personnellement [...] peut-être le mot que j'ai le plus de peine à dire, dans l'ensemble de la vie religieuse, est-il le mot père [...] J'ai de la difficulté à dire le mot Dieu parce que pour moi Il est l'Innomé, le Transcendant, parce qu'Il est au-delà de tous les noms. Mais j'ai un sens plus vif, plus immédiat de cette transcendance et de cette verticalité, que je ne l'ai du rapport affectif, qui a l'air simple, humainement simple, entre le Christ et son Père. Je ne peux pas arriver à intégrer cette idée, peut-être parce que l'idée même du père m'est étrangère, et qu'il faut bien passer par son expérience personnelle en ce qu'elle a de plus quotidien pour pouvoir assumer le sens de certaines paroles[8]. » Pierre

8. CHABANIS Ch., *Dieu existe-t-il ? Oui*, Fayard, p. 496-497.

Emmanuel exprime concrètement et en profondeur ce mystère de l'incarnation de Dieu dans la nôtre, ce passage historique du Dieu lointain au Dieu proche qui transforme à jamais notre intimité avec Lui. Il y a régression dans la prière chaque fois qu'au contraire l'homme et ses religions reviennent du Père au seul Tout-Puissant. Prier le Dieu lointain, soit : la plupart s'en accommodent. Mais le Dieu Père ?

Or nulle prière n'est plus révélatrice de la proximité de Dieu, et de la nature de cette proximité. Nulle ne l'est davantage du pouvoir divin du Christ : Lui seul avait qualité pour appeler Dieu : Père, et nous inviter à Le nommer à notre tour d'un tel nom. Il rétablit la filiation divine de l'homme, dans laquelle mon père lui-même et mon propre fils, me sont comme les témoins obligés de la relation la plus intime de Dieu à l'homme, c'est-à-dire à moi. La prière au Père est prière de l'homme relié, depuis le plus profond de son incarnation. D'où il ressort que s'en prendre à la paternité c'est s'en prendre au Dieu proche ; briser le pont fragile mais résistant sur quoi le Dieu lointain vient à nous, et sur quoi nous allons à Lui. Ce n'est pas l'effet du hasard si notre siècle bouleversé se réclame à la fois du meurtre du père et de la mort de Dieu. Mais tuer le père, c'est tuer la proximité de Dieu. Tuer une solidarité autrement plus radicale entre les hommes que celles de toutes les fraternités lesquelles ne sont jamais que la confirmation de la première.

En fait, si tourmentée que soit la relation entre eux, rien ne rompt jamais le lien vital du fils au père. On ne divorce pas plus de l'un que de l'autre. C'est notre propre identité que nous renions si nous renions la leur. Ainsi, rien ne saurait séparer de Dieu celui qui en est l'enfant. Un lien si intime les unit qu'il s'avère plus puissant que toute distance, et s'il peut arriver que celle-ci l'emporte jusqu'à paraître gommer le lien, à la vérité, elle ne le rompt pas. Aussitôt qu'il s'en souvient, l'Enfant Prodigue, réduit à la condition des pourceaux, retrouve sa dignité de fils.

Il y a dans cette dialectique une ascèse permanente et salutaire, mais aussi le creuset de toute joie. Elle défend la foi d'être dupe des illusions de la foi, de confondre la distance avec la rupture, l'intimité avec l'analogie. En elle, Dieu est Dieu et l'homme reste l'homme : sans confusion, sans division. Qu'il reste l'homme, certes : lorsque certains imprudents qualifient de providentiels un événement ou une rencontre qui coïncident trop visiblement avec des visées personnelles, il convient de se tenir en alerte. Il y a toujours quelque impudence à considérer que ce que nous faisons, disons ou écrivons, peut s'identifier avec ce que Dieu attend de nous, et qu'en quelque sorte il agit par nous. Quand cela serait, l'homme le plus souvent l'ignore. Ainsi les saints doutent-ils d'abord qu'ils sont des saints et se prennent au contraire pour les derniers des hommes. Ce qu'ils sont en effet. Leurs protestations à cet égard ne sont pas vaine coquetterie : ils mesurent mieux que nous ne savons le faire qu'un abîme nous sépare toujours de Ses voies. Mais que Lui le franchit. La confusion est extrême lorsque certains prétendent l'oublier ; la vulgarité aussi. Je ne me suis jamais rendu devant ce qu'il est convenu d'appeler providentiel que si j'étais sûr de n'y avoir aucun intérêt, direct ou indirect, et de me trouver devant un événement ou une rencontre où l'on voit, comme à nu, que Lui seul a dénoué les fils entremêlés des destins. De telles situations sont assez exceptionnelles pour qu'on ne leur confère aucune généralité.

L'attention à Dieu devient très vite exigence de ce qui n'est que Dieu. Refus du mélange où, comme le dit Frédéric Mistral, « tout s'avilit ». Ce qu'il est convenu d'appeler « théologie négative » et qui consiste à souligner où Dieu n'est pas, fait ainsi partie de l'approche de Qui Il est. La théologie négative n'est pas toute la théologie, elle n'en est même que la portion congrue, mais il va de soi que refuser de couvrir du Nom de Dieu ce qui porte un autre nom, c'est garder à ce Nom sa vertu propre. Sans entrer dans de profondes considérations mystiques, l'âme la plus simple comprend d'emblée, par exemple, que Dieu ne l'a pas abandonnée lorsqu'Il s'absente des bonheurs ou des malheurs où elle imaginait Le reconnaître. Elle sait, de certitude sûre, que l'on n'est pas arrivé au bout de Dieu pour être arrivé au bout de soi-même ; ni de quiconque. Dieu est plus lointain, certes, que les aléas de notre histoire personnelle, ou de l'histoire des hommes : le nombre ne fait rien à l'affaire. Ce qu'Il écrit en nous, ou à travers nous, n'est pas nécessairement ce que nous y lisons. « Un jour je connaîtrai comme je suis connu », dit saint Paul. Pour l'heure, celui qui connaît, c'est Dieu. Et l'amour le plus puissant entre Dieu et l'homme ne saurait que confirmer cette réalité.

Mais quoi que l'on puisse jamais dire ou écrire du caractère inaccessible de Dieu — et ceux qui vivent dans le sentiment permanent de sa présence expriment cette distance avec infiniment plus de force, voire de douleur, que les agnostiques ou les athées — c'est Lui, pourtant, que tous les âges et tous les continents ont toujours rêvé d'atteindre, au point que des hommes et des femmes de toutes conditions ont renoncé à ce qu'il était en leur pouvoir de saisir aisément, plutôt que de renoncer à l'inaccessible. Si les panthéismes qui voient Dieu partout ne me tentent pas, l'agnosticisme pas davantage, qui camoufle son refus de risquer l'aventure de l'absolu derrière le prétexte de l'impossible. Prétexte qui transforme bientôt l'impossible en superflu. « Ils sont trop verts, et bons pour des goujats », tranche dédaigneusement le renard de la fable, devant les raisins bien mûrs mais si haut perchés sur la treille qu'il ne peut les atteindre.

L'agnosticisme renonce avant d'avoir cherché, et transforme l'incommensurable distance entre Dieu et l'homme en désert inhabité. Il ne tient pas à savoir si le parcours impossible à l'homme l'est aussi à Dieu, ou si, du fait que Dieu est Dieu, il ne Lui appartient pas justement d'ouvrir aux hommes la voie que leur condition bornée paraissait leur interdire. Ceux à qui Dieu le révèle, et d'abord ceux qui le pressentent du plus profond de l'identité humaine, aucun obstacle ne les effraie dans la poursuite de ce qui pourrait répondre à leur soif d'absolu. Les amants fous, les alpinistes intrépides, les artistes inspirés, ne renoncent pas, pour un doute, à leur passion, qui emporte les doutes dans son élan. Y compris lorsqu'ils découvrent que son objet ne répond pas à cette soif. Une telle découverte est ce qui les conduit plutôt à chercher plus loin que lui une réponse.

L'histoire de cette quête est la plus inouïe de toutes les histoires, parce qu'elle ne concerne pas une catégorie sociale particulière — une caste religieuse, par exemple — ou un type d'hommes et de femmes à part que saisirait cette obsession parce que... Parce qu'on trouverait une explication similaire pour tous, et qui les ferait tous entrer dans les grilles d'une sociologie ou d'une psychologie sans énigme. Ceux qui ont tenté de porter de tels diagnostics ont toujours vu leurs jugements démentis vingt ans plus tard, et le ridicule de ces diagnostics superficiels intimide aujourd'hui quiconque serait tenté par une telle réduction. Mircea Eliade l'a montré mieux que personne, dévoilant le sacré au sein de ce que l'on osait appeler avant lui « sociétés primitives » parce que religieuses, mais que l'on traite désormais avec plus de respect. Car des riches et des pauvres, des jeunes et des vieux, des Noirs et des Blancs, des Juifs et des Gentils, des esclaves et des rois, des savants et des ignares, ont pensé que, si lointain, si inaccessible qu'Il reste à jamais, il n'existait pas entre Dieu et eux une frontière infranchissable, même s'ils ont toujours laissé le soin à Dieu lui-même de leur prouver qu'ils ne se trompaient pas. Et ils ont accepté qu'Il demeurât inaccessible dans le même temps où ils continuaient cependant à le chercher comme l'Unique nécessaire.

Obsession ? Les mystiques patentés ont été l'objet d'analyses soupçonneuses — et rigoureuses — dans ce sens. Même s'il n'est pas simple d'expliquer certaines attitudes-limites d'une Thérèse d'Avila, par exemple, ou de quelques ascètes particulièrement acharnés contre leur propre corps — *Sous le soleil de Satan* nous offre en l'abbé Donissan un de ces hommes embarrassants pour la logique psychologique — il reste que pas une de ces analyses n'est parvenue à réduire à une névrose obsessionnelle la passion de Dieu. Quand elles y parviennent, c'est que la mystification l'emportait sur la mystique. Mais dans une perspective positive, il n'est que de relire l'ouvrage publié sous la direction de A. Ravier, *La Mystique et les mystiques*[9], pour distinguer l'une de l'autre.

9. Paru chez Desclée de Brouwer.

Ceux que la tradition orthodoxe va jusqu'à appeler les « fous de Dieu » — et Dostoïevski, dans *L'Idiot*, chef-d'œuvre de toute littérature, en dessine un aperçu fulgurant — ne sont saisis que de cette sorte de folie à laquelle saint Paul invite lorsqu'il écrit aux chrétiens de Corinthe : « Si quelqu'un parmi vous croit être sage à la façon de ce monde, qu'il se fasse fou pour devenir sage, car la sagesse de ce monde est folie auprès de Dieu[10]. » Seule est sagesse, auprès de Lui, la recherche du Royaume. Que l'approche du psychiatre, du psychologue, voire du psychanalyste, ne s'avance pas d'emblée aussi loin, qu'elle reste souvent celle du monde, c'est-à-dire de tout le monde, n'exclut pas que certains représentants éminents de ces disciplines, et sans renier leur science, retrouvent dans la perspective évangélique ce qu'ils expriment en fait autrement eux-mêmes.

J'aimerais citer dans son entier l'entretien qu'avec Françoise Dolto nous avons engagé sur le sujet. Quelques lignes, pourtant, sont déjà éclairantes. Comme je lui demandai : « La soif de Dieu n'est donc pas vaine : notre âme a soif de Dieu parce qu'il existe ? Ce n'est pas une soif absurde ? », elle répliqua sans hésiter : « Qui pourrait dire qu'elle est absurde ? A partir du moment où elle est éprouvée, elle est justifiée par qui donne sens de vie à cet appel[11]. » Et si l'on trouvait la justification par trop rapide, que l'on se rapporte au jugement de Jung en la matière : « Dire d'une idée qu'elle existe psychologiquement entraîne la constatation de son caractère subjectif, puisqu'une idée ne se trouve et ne vit qu'au sein de l'individu ;

10. Corinthiens 3,18-19.
11. CHABANIS Ch., *Dieu ? Oui*, *op. cit.*, p. 198.

mais elle est objective pour autant que l'idée est partagée par le consentement collectif d'un groupe d'une certaine importance[12]. » Or, quel groupe plus universel que celui des passionnés de Dieu, du commencement de l'histoire jusqu'à nos jours ? Il reste que celui qui donne pleinement un sens à notre soif est évidemment Dieu Lui-même, plutôt que le groupe ou l'analyste aussi respectueux soit-il.

Lorsque, dans le même souci de distinguer l'ersatz de l'authentique, je demandai au psychiatre Henri Baruk si la pensée de la mort, que la philosophie éternelle considère comme la philosophie même, mais que la société contemporaine refoule avec obstination, relevait d'une pensée obsessionnelle, il se récria. « La conscience de la mort ne relève pas de l'obsession [...]. Tout être humain doit considérer l'existence humaine en face, et savoir qu'elle se termine par la mort. Il est donc bien obligé d'envisager les questions qu'elle pose. S'il ne le fait pas, c'est qu'il se détourne des réalités[13]... » Comment, en effet, une réflexion à propos de la réalité la plus indubitable de toute existence, serait-elle irréaliste ? « Qu'est-ce qu'une obsession ? demande plus loin Baruk : une maladie... une idée-force étrangère à la personnalité du sujet... », dont celui-ci, dans ses instants de lucidité, reconnaît qu'il est assiégé, sans trouver en lui la force de résister à cette intrusion. Une idée absurde, un désir incongru, une peur incontrôlable, habitent celui qui ne maîtrise plus sa pensée. « Il y aurait par exemple obsession de la mort [...] chez quelqu'un [...] qui se croit menacé

12. JUNG C.G., *Psychologie et religion*, Buchet-Chastel, p. 16.
13. CHABANIS Ch., *La mort, un terme ou un commencement ?*, Fayard, p. 260.

par la mort alors qu'il est bien portant », précise le psychiatre. Mais autre chose est ce dérapage de l'esprit, autre chose la saine et nécessaire réflexion humaine à propos de la mort.

La réponse de Baruk vaut pour la question de Dieu. Celle-ci devient obsessionnelle, au sens clinique, uniquement dans le cas d'un dérèglement maladif qui n'a rien à voir avec la démarche si naturelle à l'homme qu'est la démarche religieuse. Laquelle ne relève pas d'une « idée-force étrangère à la personnalité du sujet », mais au contraire de l'expression la plus profonde du sujet même à la rencontre d'un autre sujet. « Je crois de cette soif de Dieu, me disait précisément Françoise Dolto, qu'elle vise le Sujet [...]. Nous cherchons le Sujet tout entier dans sa vérité, et nous ne pouvons jamais atteindre que des expressions du Sujet, des parcelles du Sujet qu'on appelle des objets[14]. » Et lorsque j'ajoutai : « C'est donc le sentiment de n'atteindre jamais que des objets qui fait que le désir renaît constamment ; le désir venu en nous du sujet, en appelle constamment à un autre Sujet, dans la soif d'une communion interpsychique ? », elle répondit « oui », sans hésiter.

De tous les désirs, on montrerait, certes, que sous le coup d'une névrose obsessionnelle, ils peuvent tourner à l'obsession. Mais ces dérèglements, encore un fois, n'autorisent aucun jugement de fond quant à l'essence du désir spirituel. La nature de celui-ci est si profondément liée à la nature même de l'être humain, que le christianisme, « qui connaît l'homme », loin de nous inviter, comme le bouddhisme par exemple, à « tuer le désir », nous propose au contraire,

---

14. JUNG C.G., *Psychologie et religion*, *op. cit.*, p. 18-19.

de découvrir en lui sa dimension surnaturelle à travers ce qu'il nomme précisément « désir de l'esprit ». Un désir qui se laisse « mener par l'esprit », qui s'accomplit dans l'esprit, parce qu'il a su se rendre libre à l'endroit de ce qui n'était que « désir de la chair ».

Ainsi, quand j'évoque ces riches et ces pauvres, ces Jaunes et ces Noirs, ces vieux et ces jeunes, qui ont préféré renoncer à tout ce qui leur était immédiatement accessible pour se tourner vers l'Inconnu de Dieu, je ne pense qu'à des hommes et des femmes dont l'existence est loin de céder à quelque dérèglement que ce soit. Certains l'ont particulièrement illustré — des Vincent de Paul et des Mère Teresa — en incarnant cette recherche dans une activité publique et sociale d'une efficacité exceptionnelle. Si Rabelais a très joliment dénoncé « les opinions super-célestes qui vont de pair avec les mœurs souterraines », si Nietzsche s'est livré à leur propos à des analyses impitoyables sur « la fabrication souterraine des idéals », ces jugements tournent court, dès lors qu'ils s'appliquent, chez tant d'hommes et de femmes innombrables comme le sont les étoiles du ciel, à la prise de conscience radicale que le désir de Dieu ne saurait trouver son explication, ni surtout sa réponse, du côté des médecins, mais seulement de Dieu Lui-même.

« Notre soif est soif du tout ; la déception consiste à n'atteindre jamais en ce monde l'absolu dont nous avons soif », disais-je à Françoise Dolto. Alors elle précisa, dans son vocabulaire : « Soif d'un après qui correspondrait à un avant : soif de connaître un avant qui donne sens à l'après. » Soif de la filiation radicale dans le Père ? Lorsque j'ajoutai : « Quand le Christ affirme : je suis l'*alpha* et l'*oméga*, ne dit-il pas aussi : je suis l'avant et l'après, l'origine et la fin ? », elle acquiesça : « Oui, c'est cela. Mais il s'agit d'un autre niveau de désir : ce qui nous manque ne peut être connu dans notre incarnation [...] En ce sens, lorsqu'on parle de l'âme immortelle, cela signifie qu'elle vient du Sujet immortel, sujet de l'Être, mais non de l'être tel que celui d'un corps mortel[15]. »

L'enfant bouleversé par la perspective infinie de l'océan, qui ouvrait des horizons déjà trop courts à une interrogation suprême, pressentait que son existence ne s'orienterait que dans cette direction, qu'elle refuserait de se laisser emprisonner dans les frontières de temps et d'espace, et leurs conventions provisoires. Il ne faisait que découvrir, non pas une idée fixe, mais l'interrogation qui distingue de toutes les autres une conscience humaine, et sur laquelle insiste l'homme de foi, mais l'incroyant aussi, lorsqu'il connaît le cœur de l'homme en ses profondeurs. Je me souviens de quel accent ferme Francis Jeanson me faisait part de son étonnement devant une lucidité qui ne vas pas juqu'à prendre en compte cette interrogation suprême : « Je dirais qu'il peut s'agir de consciences qui, en effet, pour de multiples raisons, n'ont pas accédé à ce stade que définit Sartre en nous désignant comme des "animaux sinistrés". Disons qu'il peut s'agir d'animaux insuffisamment "sinistrés". Cette pointe de l'absolu — ce sentiment d'un irréductible écart entre ce qui est et ce qui pourrait être — n'a pas été prise en compte, ni n'a été plantée à vif dans la chair du sujet comme elle l'est en nous. C'est là un problème qu'étudient les psychologues et les psychanalystes, et vous savez qu'il existe à ce sujet des recherches intéressantes sur la toute petite enfance, sur tout ce qui

---

15. CHABANIS Ch., *Dieu? Oui, op. cit.*, p. 199.

peut se produire, ou ne pas se produire, dans cette période cruciale pour la genèse du psychisme. Quelque chose peut émerger ou ne pas émerger ; déboucher ou non sur cette insatisfaction radicale qui hante la condition humaine[16]. »

J'invoque ce témoignage parce qu'il est celui d'un athée, lucide sur l'identité humaine, non pas seulement telle que la conçoit le réductionnisme social ou psychologique, mais telle qu'on la voit dans l'homme éternel. Telle que l'a rencontrée notamment Mircea Eliade dans son enquête universelle sur le sacré. Si l'opinion de Francis Jeanson diffère d'avec la mienne quant au véritable objet de cette soif, il est loin de la considérer comme le fruit d'une obsession. Selon Jeanson, est infirme, au contraire, non celui qui éprouve une telle soif, mais celui qui l'ignore. Et il n'invoque les études des psychologues et des psychanalystes que pour souligner qu'elles vont aussi dans ce sens.

Mais j'oublie encore moins l'accent d'un autre incroyant : Jean Rostand, lorsqu'il me lançait avec une angoisse pathétique : « J'ai dit non. J'ai dit non à Dieu, en affirmant les choses un peu brutalement, mais à chaque instant la question revient (...). Une chaîne de questions revient, toujours les mêmes. Je les ressasse ; je radote tout le temps, je suis obsédé, disons le mot, obsédé, sinon par Dieu, du moins par le non-Dieu[17]. » S'il est un esprit guetté par l'obsession, c'est plutôt celui, en effet, qui cherche Dieu sans le trouver, que celui qui le trouve, quelquefois sans le chercher.

16. CHABANIS Ch., *La mort, un terme ou un commencement ?*, *op. cit.*, p. 365.

17. CHABANIS Ch., *Dieu ? Non*, *op. cit.*, p. 40.

Noble obsession, pourtant, puisqu'elle relève, encore une fois, de l'élan le plus essentiel et le plus irrésistible de l'homme. Sans lequel il n'est plus l'homme. Le croyant ne se distingue de Francis Jeanson et de Jean Rostand que lorsqu'il ose affirmer de cette soif qu'elle rencontre la source pour laquelle elle est faite. Il ose croire que le Dieu inaccessible n'est pas étranger à l'homme, même si la distance semble décourager son attente. « La vie humaine est impossible, le malheur seul le fait sentir », écrivait lucidement Simone Weil. Et d'abord ce « malheur » de la conscience « sinistrée » qui ne rencontre pas en elle-même sa propre fin. Qui est invitée, par suite, à la découvrir au-delà d'elle-même. A trouver, non plus « quelque chose » qui la divertit de son désir, mais Quelqu'un qui le comble.

Quand on relit cette page inépuisable de l'Exode, où Moïse exprime le vœu tant de fois répété par tant et tant d'hommes, de voir Dieu face à face, quand on écoute la réponse qui lui est accordée, on aperçoit, à nu, le rêve profond de l'homme. Celui qu'il refoule quand il désespère de le réaliser. « Moïse dit : Fais-moi, de grâce, voir ta gloire. Et Dieu dit : je ferai passer devant toi toute ma beauté et je prononcerai devant toi le Nom de Yahvé (...) Mais tu ne peux pas voir ma face, car l'homme ne peut me voir et vivre. Yahvé dit encore : Voici une place près de moi ; tu te tiendras sur le rocher. Quand passera ma gloire, je te mettrai dans la fente du rocher et je te couvrirai de ma main jusqu'à ce que je sois passé. Puis j'écarterai ma main et tu verras mon dos, mais ma face, on ne peut la voir[18]. »

La réponse de Dieu n'accorde pas à la demande de

18. Exode 33,10-23.

Moïse ce qu'elle attend ; elle avive plutôt la question qui lui était posée ; met à nu la blessure. Mais il reste que Dieu répond. « Notre désir est sans remède », disait Thérèse d'Avila, qui entendait, comme Françoise Dolto : sans remède définitif dans les limites de la condition humaine. Lorsque le désir a reconnu son véritable « objet », son « Sujet » — « voir ta Face » — et que cet « objet » se situe hors du temps, rien de ce qui appartient au temps ne saurait en effet le combler. La Face de Dieu demeure inconnue à Moïse, ainsi qu'à tous les regards qui se tournent vers Elle. Dieu reste lointain ; Dieu cache sa Face, parce que l'homme ne survivrait pas à cette vision. Et parce qu'il reste à franchir le seuil de la mort pour voir Dieu, Thérèse d'Avila dira même qu'elle « meurt de ne pas mourir », et quelle douleur elle éprouve à vivre dans l'exil du seul bien nécessaire à l'accomplissement total de la destinée humaine.

Affirmation qui pourrait laisser croire qu'il n'y a pas loin entre la forme extrême du désir de Dieu et une pensée obsessionnelle. Lorsqu'il prend une telle puissance dans une vie qu'il rend faible tous les autres désirs, il semble qu'il en arrive jusqu'à défaire les plus élémentaires réflexes de protection du moi. Celui-ci est en quelque sorte dépouillé de lui-même pour ne se livrer qu'à Celui qu'il perçoit comme l'au-delà de tout : « Qui ai-je au ciel que Toi ? A part Toi, je ne désire rien sur la terre, disait déjà le psaume. Ma chair et mon cœur se consument, roc de mon cœur, Dieu, ma part à jamais[19]. »

Pourtant, il y a loin, fort loin. « La névrose est une ébauche dont l'homme de génie est la réussite », dit

---

19. Psaume 73,25-26.

le psychologue. Pourquoi seulement l'homme de génie ? Pourquoi pas l'homme religieux ? La névrose, en effet, manque son but ; Moïse, David, Thérèse, et les autres, y atteignent. Tous ceux qui ont reconnu le Sujet véritable du désir humain, en même temps qu'ils ont accepté qu'il soit sans remède dans le temps. Qui ne lui cherchent pas de remède de substitution. Dieu cache sa face inviolable, mais Il répond. Il révèle quelque chose de Lui à l'homme qui ne détourne pas son regard de l'horizon où Il se cache. Un jour où l'homme se croit seul, peut-être abandonné dans son destin clos, Dieu Lui-même dépose dans ce cœur une certitude plus puissante que la solitude. Le seuil infranchissable, son Amour le franchit.

Si Colomb découvre une autre rive à l'océan sans rives ; si nos contemporains marchent sur la lune, aussi incroyable qu'un tel exploit puisse apparaître aux yeux des générations précédentes, il reste que sur l'autre rive de l'océan, et sur la lune, l'homme ne découvre jamais que lui-même et ses limites. Où qu'il aille en cet univers, il ne rencontre que soi. Hormis si Dieu y vient.

Dès l'instant où j'ai su qu'Il vient à chaque seconde du temps qui passe pour en ouvrir le sens caché, je n'ai plus jamais lu les Livres qui témoignent de sa venue — pas seulement ceux du christianisme mais ceux de toutes religions — avec la seule curiosité du lecteur qui leur refuse pourtant l'accès de son âme. Qui s'intéresse uniquement à leur mythologie, à leur poésie, à leur symbolique, mais ne croit pas qu'ils soient les messagers d'un autre monde. Il passe ainsi à côté du message. Le jour où j'ai su que Dieu s'avance vers l'homme, y compris sur cet océan dont les lointains m'avaient d'abord parus si redoutables, j'ai cru sans hésiter qu'Il venait à moi jusqu'à habiter mon bonheur ou ma peine. Je n'ai jamais lu Matthieu ou Luc, ou les autres, comme une histoire qui n'intéressait que les disciples d'autrefois, mais comme la réponse à la question que mes dix ans posaient au vide de l'horizon. A peine l'ai-je su, que j'ai cessé de regarder l'océan, sur lequel nous sommes embarqués, ainsi que le dit Pascal, comme une immensité redoutable et sans voix.

Le très immémorial désir de Moïse de voir Dieu — le très immémorial désir de l'homme de Le revoir comme à l'origine de son histoire — Dieu l'a pris en compte. S'il répond d'abord à Moïse : « L'homme ne peut voir ma face et vivre », du moins a-t-Il entendu la question. L'homme est entendu. Et il reçoit de Dieu une réponse. Réponse qui se fera un jour plus proche encore de la question que celle-ci ne l'aurait prévu. « Nous vous annonçons cette vie éternelle qui était tournée vers le Père et qui nous est apparue[20] », dit magnifiquement saint Jean. Qui n'était tournée que vers le Père, et qui l'est vers nous. Page hautement significative, à cet égard, de l'Évangile, que la scène de la Transfiguration, où l'on voit un instant supprimée toute distance entre l'exil et le Royaume ; entre l'invisible et le visible. « Jésus prit avec lui Pierre, Jacques et Jean son frère, et les emmena à l'écart sur une haute montagne. Et il fut transfiguré devant eux : son visage resplendit comme le soleil et ses vêtements devinrent blancs comme la lumière. Et voici que leur apparurent Moïse et Élie, qui s'entretenaient avec lui[21]. »

Moïse voit la Face qu'il voulait contempler. Et non

20. 1 Jean 1,2.
21. Matthieu 17,1-4.

seulement Moïse, mais Pierre, Jacques et Jean. A la soif de l'homme, Dieu répond, mais encore une fois, de la manière la plus inattendue pour les spéculations humaines. La Face de Dieu pénètre dans l'histoire humaine et devient une face d'homme ! La Face que l'homme ne peut voir sans mourir, il lui est offert de la regarder à travers des traits semblables à tous les autres, car la transfiguration n'est qu'un instant éphémère de l'existence de Jésus. Au quotidien, son visage ne resplendit pas « comme le soleil ». Sur la croix, il est même le plus insoutenable des visages.

Mais cet instant exceptionnel offre à la question de Moïse la plus imprévisible des réponses dont Dieu se soit montré capable au long de l'histoire humaine. Et la béatitude qui règne est telle, que Pierre — toujours lui, si désarmant d'humanité — rêve de s'installer pour toujours sur la montagne. Avec Jésus ; et même avec Moïse et Élie. Il rêve à voix haute. « Seigneur, il est heureux que nous soyons ici ; si tu le veux, je vais faire trois tentes : une pour toi, une pour Moïse et une pour Élie. »

Mais comme Moïse autrefois, Pierre prétend anticiper sur l'heure de la rencontre définitive : il est rappelé aux limites d'espace et de temps que la Transfiguration n'a qu'un instant rompues. Il doit rentrer dans cette incarnation dont Gustave Thibon, dans une lettre à Simone Weil, résume en quelques lignes inoubliables la nécessité inéluctable. « Il faut bien, écrivait le philosophe ardéchois à l'universitaire persécutée, que ce monde transitoire où nous avons le double devoir d'accepter la vie tant qu'elle dure et de consentir à la mort quand elle vient, soit mêlé de bien et de mal. Car s'il n'était que mal, comment consentirions-nous à vivre ? Et s'il n'était que bien, comment nous résignerions-nous à mourir ? Rien d'absolu ne peut exister dans ce qui passe, et c'est pourquoi là où sont le bien et le mal purs, là aussi est l'éternité. »

Les disciples passeront de la béatitude à l'effroi lorsqu'ils entendront une voix d'en haut et d'ailleurs leur dire : « Celui-ci est mon Fils bien-aimé, qui a toutes mes faveurs, écoutez-le. » Face contre terre, ils n'oseront plus lever les yeux sur ce qui se passe autour d'eux, jusqu'au moment où « Jésus s'approchant, les touche et leur dit : Relevez-vous, et n'ayez pas peur. Et eux, levant les yeux, ne virent plus personne que lui, Jésus, seul[22] ». Le Dieu invisible a revêtu ce visage, afin que les regards humains fixés obstinément sur l'au-delà, perçoivent, à travers lui, le reflet de la gloire qui ne réside qu'en Dieu. « Qui m'a vu a vu le Père[23] », dit Jésus avec une audace à couper le souffle. Qui le regarde, voit Dieu.

Singulière est la puissance de cette parole : « Ils ne virent plus que Jésus, seul. » Le lointain est devenu si proche, qu'il nous ressemble en tout, hormis la faiblesse de nos chutes et de nos aveuglements. Dieu, qui ne s'entretient qu'avec Dieu, franchit l'espace que nous ne pouvons franchir et Il s'entretient avec nous à l'intérieur même de notre condition bornée. Le prologue de l'Évangile de Jean ne quittera jamais la mémoire d'un monde même oublieux du christianisme : « Au commencement était le Verbe [...]. Et le Verbe s'est fait chair, et Il a habité parmi nous et nous avons contemplé sa gloire[24]. » Au centre de l'histoire humaine, se tient désormais Quelqu'un en

22. Matthieu 17,6-8.
23. Jean 14,9.
24. Jean 1,14.

qui tout homme « qui vient en ce monde » peut considérer le mystère proche du Dieu lointain. Et paradoxalement, de ce qu'il est devenu plus intime à notre histoire et à notre cœur que nous-même, ce qui paraissait d'accès immédiat et familier, devient lointain en dehors de lui : le monde, les affaires du monde, et même l'être humain. Tout est lointain où il n'est pas.

On le comprend davantage présentement, à l'heure où l'homme ne retient rien entre ses mains sécularisées. Non seulement Dieu s'éloigne de l'homme, mais l'homme s'éloigne de lui-même ; et du monde. Les passions qui l'agitent encore à la surface des choses, lui paraissent si étrangères, que des hommes et des femmes de plus en plus nombreux ne songent qu'à s'en retirer ; ou refusent, s'ils ont vingt ans, d'y entrer. Et ne parlons pas du désespoir qui va jusqu'au meurtre de soi, et qui se répand comme une traînée de poudre parmi ceux qui ne voulaient croire qu'en eux-mêmes.

Car depuis qu'Il a franchi la distance entre le ciel et la poussière, seul le Dieu lointain devenu proche peut encore nous garder proches de ce qui paraissait l'être déjà — la douceur et la beauté des choses humaines — mais dont le secret ultime nous échappait jusqu'à ce qu'Il vienne. Parce qu'Il a préféré chacun de nous à son éternité, le temps d'une existence humaine, Il a ouvert à l'éternité les choses du temps. Il a révélé leur transparence à l'invisible. Mais qu'Il se retire, et elles reprennent leur opacité.

3

Hommes de Dieu ou tartuffes ?

Dieu ne déçoit jamais : voilà ce qu'affirme quiconque a appris à Le connaître. Job, abandonné de tous sur son fumier, tandis que ses proches l'insultent et se rient de sa fidélité, ne parle pas autrement. L'inépuisable révélation de Lui-même qu'Il dispense à ceux dont l'âme est attentive à son mystère, défait les espoirs mal placés : ils ne demandent plus à Dieu que d'être Dieu, et non quelque bienfait, en fonction de quoi ils lui garderaient ou non leur confiance.

Mais les hommes qui se réclament du Nom de Dieu comme pour s'en assurer le monopole, ceux que la place publique désigne, ou qui se désignent eux-mêmes, comme les « fidèles ou les croyants », nous réservent au contraire les plus cruelles désillusions. Que quelques-uns parmi ceux-là — très peu — consolent heureusement des premiers, et qu'on les rencontre dans toutes les religions, toutes les églises, tous les cultes, certes. Il est vrai qu'un saint suffit à faire oublier les contrefaçons de la sainteté. Il n'en reste pas moins, chaque fois qu'un regret, une objection, un refus, s'élèvent à propos de Dieu, qu'ils prennent prétexte de la déception provoquée par quelqu'un qui se réclamerait de Lui.

Car l'homme est décevant en effet, qu'il croie ou ne croie pas en Dieu. Mais plus décevant encore lorsqu'il s'enveloppe de la foi pour décevoir. L'homme est si décevant que même la foi n'en fait pas un homme moins décevant. Dieu seul ne déçoit pas. Jamais. Mais tous ceux qui l'ont confondu un moment avec des hommes se réclamant de Lui, ont fini par penser le contraire, et à lui attribuer ce dont ces hommes seuls s'étaient rendus coupables. Cette frustration immense, universelle, enveloppe Dieu d'un nuage plus obscur que son propre mystère. Ceux qui se prétendent du parti de Dieu lui font un écran plus opaque que ceux qui l'ignorent ou le nient, voilà ce qu'on en vient à penser lorsque, saisi par l'attrait du Nom au-dessus de tout nom, on attendrait des hommes qui Le nomment avec révérence, ce qu'il faut se résoudre à n'attendre en fait, que de Lui seul.

La plus cruelle, mais la plus nécessaire purification dans l'approche de Dieu, consiste à opérer un jour cette distinction. Sous l'effet de la lucidité. Ou celui du désespoir. Si « on place l'infini au niveau où le fini convient seul, peu importe de quel nom on le nomme », remarquait Simone Weil. L'infini qui vient de Dieu est dans l'homme, mais il est loin de se confondre avec l'homme qui n'est jamais que poussière, et ceux qui se drapent dans un manteau afin de masquer leur indigence, n'échappent pourtant pas aux lois de l'humaine condition. Molière a dénoncé, avec son brio incomparable, l'éternelle tartufferie que nous sommes appelés un jour à affronter pour y perdre ou y trouver Dieu. Il faut un jour souffrir cette désillusion qui brouille les cartes, au point de détourner de Dieu certains qui attendaient peut-être tout de Lui, les nihilistes par exemple. Nietzsche, dans son refus, est-il si différent de Pascal, dans sa foi ? Or l'un et l'autre ont également éprouvé la cruelle déception qui vient des hommes recouverts du Nom de Dieu, l'un jusqu'à la folie du désespoir, l'autre jusqu'à Dieu. Quelles pages plus vraies, plus cruelles, que celles qu'ils ont écrites l'un et l'autre sur les « hommes de Dieu » transformés en écran de Dieu ? Je ne connais pas de chrétien un peu exigeant qui n'ait eu envie de signer un jour *Les Provinciales*, comme il a eu envie de signer *Par-delà le Bien et le Mal* !

Ainsi n'ai-je pas moins que d'autres éprouvé une telle déception. Qui pourrait éviter de la traverser, dès lors qu'il cherche Dieu ? Et qui ne ressentirait comme une grâce inouïe, l'ayant vécue, de n'y point avoir perdu la foi ? Lorsque Jacques Duclos[1] me rapportait comment et pourquoi, d'enfant de chœur pieux, il était devenu militant communiste athée, se défiant de toutes les religions, je me disais que des expériences également repoussantes ne m'avaient pas moins blessé que lui, bien qu'elles ne m'eussent pas conduit à l'athéisme. Parce qu'il apprit qu'un clerc de son village livrait à

1. CHABANIS Ch., *Dieu? Non*, *op. cit.*, p. 116.

l'ennemi allemand des résistants français, son mépris et son refus s'étendirent de ce clerc jusqu'à Dieu dont celui-ci osait se réclamer. Et il est vrai qu'il n'est simple pour personne d'éviter une telle confusion, d'opérer la distinction qui préserve Dieu de ceux qui se réclament de Lui. N'importent le prétexte et ceux qui sont l'instrument de cette épreuve : il faut un jour franchir le doute à l'endroit des hommes de Dieu, pour entrer dans la foi qui ne doute plus de Dieu. Dans le temps où je traversais l'épreuve, oserais-je dire que je n'ai pas aussi douté de Dieu ?

Quand il faut reconnaître que le pire ennemi de nous-mêmes — je ne parle pas du moi social mais du moi profond — et de notre foi est un homme en qui l'on avait placé quelque chose de la confiance que l'on a mise en Dieu, le risque est redoutable. L'épreuve m'a conduit aussi jusqu'au désespoir et à la révolte dont certains ne reviennent pas. A ceux-là, je ne jetterai jamais la pierre, car je sais qu'il est difficile d'écrire un discours sur la justice et sur l'amour quand on l'a entendu d'une bouche qui les bafoue.

Quand je considère mon expérience, depuis l'instant mystérieux où le nom de Dieu lui est devenu familier, jusqu'à celui où j'écris ces lignes, je dois confesser que les hommes auxquels j'ai vu commettre le plus grand mal — au sens immédiat de préjudice matériel ou moral causé à autrui, et sans tenir compte du fait que j'aie pu ou non en être la victime — n'étaient ni des athées ou des agnostiques, ni des adversaires idéologiques mais des chrétiens, se réclamant des mêmes options fondamentales que moi. L'heure est cruelle où il faut s'avouer que certains n'utilisent ces options que pour servir des intérêts qui sont loin d'être ceux de Dieu. Intérêts qu'il est aisé de découvrir.

J'ai connu, comme tout un chacun, ces revers de situation qui vous placent matériellement et socialement en position critique. Nul n'a rien à m'apprendre, par exemple, sur le chômage et l'esclavage à quoi il vous réduit quand on a charge de famille. Il n'est guère que Simone Weil qui ait tenu à ce propos un discours religieux cohérent. Et qui ait payé d'exemple. Mais j'ai vu au contraire, en dépit des sentiments chrétiens qu'ils peuvent afficher, jusqu'à quelle volonté de nuire certains peuvent s'abaisser, car la haine religieuse est la plus acharnée de toutes. Les bûchers de l'Inquisition ont disparu parce que ceux qui les allumaient ont perdu le pouvoir de brûler ; mais le goût, le désir de le faire semblent bien, chez certains, être restés intacts.

Je ne suis guère porté aux dépressions, les états d'âme m'exaspèrent : loin d'en appeler à ma pitié, ils me provoquent à la dureté, car on ne répond pas aux coups du sort en s'attendrissant sur soi-même. La souffrance est moins venue de ce que j'étais victime d'injustice que de découvrir où en était l'origine : qu'un homme se réclamant de Dieu quand il vous trompe, ne m'avait pas seulement trompé, mais trompait Dieu. C'est moins la trahison qui me touchait, que d'être trahi au nom de Dieu. « L'amour, dit La Rochefoucauld, couvre de son nom des opérations auxquelles il n'a pas plus de part que le Doge à ce qui se fait à Venise. » « Dieu » aussi.

Je considère aujourd'hui comme un grand bénéfice de compter parmi ce genre de victimes. Celui à qui le mal fait le plus mal n'est pas celui qui le subit mais celui qui le commet, a dit Simone Weil, qui a écrit sur la condition ouvrière et sur l'esclavage des pages immortelles. Elle ose dire que quiconque n'a pas connu quelque chose de cet état doit s'interdire de penser qu'il est chrétien, ou du moins qu'il a éprouvé son christianisme jusqu'au point d'avoir à douter de tout. Être à la merci de quelqu'un qui se réclame de Dieu vous révèle ce qu'il en est de son Dieu. Mais quels abus le pharisien peut recouvrir !

Je n'en étais pas à la première déception de cet ordre. Au collège déjà, un malheureux prêtre fut à mon adolescence prétexte au plus douloureux scandale. Mais ce n'était qu'une banale affaire de mœurs. Je n'ai jamais été assez sot pour ne prêter que de la noblesse aux aristocrates, de l'humilité aux prolétaires, et de la vertu aux chrétiens ! Le mélange de tout et tous ne m'étonne pas, et toutes les faiblesses qui touchent l'homme, je peux aussi bien et d'abord les lire en moi. Je suis loin d'attendre d'autrui une perfection que j'aurais de la peine à exiger de moi, et je sais, avec saint Paul, qu'on peut « ne pas faire le bien qu'on aime, mais le mal que l'on hait ». La miséricorde, qui n'est pas l'indulgence, invite à tous les pardons.

Mais autre chose est la faiblesse, autre chose de se couvrir du Nom divin pour réduire quelqu'un à sa merci. Je savais l'indiscrétion, la volonté de puissance de certains clercs, qui les conduit à diriger les âmes jusqu'à les contraindre à abdiquer leur liberté. Nombre de prêtres qui renoncent à l'argent ne renoncent pas à la puissance. Mais aurais-je soupçonné, si je n'en avais été la victime, ce qu'est l'entreprise systématique qui consiste à se servir du Nom de Dieu pour asservir au pouvoir, à la dimension sociale, un homme non averti ? En raison même de la puissance qui opérait, de l'honorabilité qui semblait l'entourer, il ne me restait qu'à douter de Dieu, en doutant de qui se réclamait de Lui. Ou, au contraire, à placer l'espérance assez loin, pour la situer hors d'atteinte des coups de tels personnages. Et c'est heureusement ce qui arriva par la grâce de Dieu.

Si je mentionne une telle épreuve, c'est uniquement pour marquer ce qui vient après, quand on n'attend plus des hommes qui se réclament de Dieu, mais de Dieu seul, qu'Il soit votre Dieu. « Autrefois je croyais en Dieu ; maintenant je ne crois plus qu'en Dieu », dit quelque part Thibon. Croire en Dieu implique nécessairement d'apprendre un jour à ne rien attendre de ceux qui se couvrent de son Nom. Des pires, certes, mais aussi des meilleurs. « Heureux celui que la vérité instruit par des figures et des symboles, mais plus heureux celui que la vérité instruit par elle-même », dit l'*Imitation de Jésus Christ.* Les meilleurs, comme Bossuet lorsqu'il écrit à Henriette d'Angleterre : « Priez pour moi qui suis peut-être un admirable canal des eaux éternelles et qui ai peine à en retenir quelques gouttes » ; les meilleurs, pour qui le Nom de Dieu n'est prétexte qu'à donner, jamais à prendre. Un critère, sinon absolu, du moins révélateur, m'a souvent permis de prévenir quelques méfaits des esprits « religieux » : les faux donnent des conseils et vous demandent des services, les vrais ne vous demandent aucun service et ne vous donnent aucun conseil.

Pourquoi ce qui a conduit certains à douter de Dieu même m'a-t-il invité à ne croire qu'en Lui ? Pour dire vrai, je l'ignore. Sans doute, comme le suggère admirablement Pierre Chaunu, parce qu'au « moment où j'allais m'écraser au fond du désespoir, Dieu a ouvert le parachute ». Si dure soit la découverte qu'il faut un jour se retrouver seul devant Dieu, et non pas dans une euphorie de la révélation, mais dans la déréliction de Gethsémani où le Christ pleure des larmes de sang tandis que ses apôtres dorment ; si dure soit l'épreuve d'avoir à perdre toute confiance en ceux qui vous ont nommé Dieu, il faut en passer par là. Pour ne plus rien attendre que de Dieu.

Toutes les institutions religieuses sont décevantes, toutes les Églises, toutes les communautés. Il suffit de lire l'hagiographie pour découvrir que les pires ennemis des saints n'ont pas toujours été des persécuteurs païens, mais leurs propres frères. Le sujet mérite réflexion, et cette persécution n'a jamais été étudiée autant qu'elle le mérite. Celle des prophètes d'abord, par leur peuple. Celle des plus grands saints par leur Église. Un évêque plein d'esprit voulait qu'on ajoutât à la litanie des saints : « Mais, ô mon Dieu, par-dessus tout, délivrez-nous des saints vivants. » Cette persécution manifeste assez que Dieu est gênant même pour ceux qui se réclament de Lui. Saint Benoît empoisonné par ses moines, ou Jean de la Croix menacé par l'Inquisition, c'est monnaie courante. Ce qui résiste en nous à ces traitements, c'est Dieu lui-même. Car nos propres forces n'y suffisent pas, notre sensibilité y répugne, et il plaît de répondre à un coup par un autre coup. Mais se détacher soudain de ceux qui vous promettent Dieu, de ceux qui parlent pour Lui, afin d'entrer dans un ermitage intérieur auquel Dieu seul a accès, est une épreuve au-dessus des forces humaines. Que la consolation d'un frère dans la foi vous manque, que votre évêque vous trahisse, qu'un prêtre vous scandalise, qu'un homme d'affaires se serve de Dieu pour ne faire que ses affaires, alors il faut que Dieu habite notre solitude pour qu'on ne lui en tienne aucune rigueur à Lui.

La grande crise religieuse de ce temps est moins la désaffection à l'endroit de Dieu que des institutions religieuses. Elles en ont tant fait, et des pires ! Et elles continuent, aussi allégrement, dans le temps où elles dénoncent leurs faiblesses passées, sans voir la poutre qui est dans l'œil d'aujourd'hui. Il suffit de vivre un peu en Église, de fréquenter sa paroisse et celles du monde pour retrouver les pires exclusions, les pires mépris, et que ce qui reste de pouvoir à certains clercs et à certains chrétiens, ils en usent encore pour un service qui ne les sert qu'eux-mêmes. Je me souviens, après mon premier voyage au Vatican, avoir souhaité ne jamais y retourner. Et ne parlons pas de la curie parisienne, ou française. Les haines cléricales sont légendaires, et elles n'ont pas désarmé : on en a quelque idée dans les débats entre progressistes et intégristes, où les coups qu'ils se portent à chacun et qu'ils portent à leur Église sont à peu près équivalents.

Quant à ceux qui refusent de se ranger dans l'un ou l'autre camp, ils sont soumis aux coups redoublés des deux autres. A simplement constater le nombre des clercs qui ont déserté le sacerdoce, et de fidèles les églises, on voit encore une fois que de tous ces beaux ébats, Dieu fait les frais. Et quand je m'interroge moi-même sur ce qui m'a retenu aussi de tout envoyer promener, quand la mesure était par trop comble, c'est que je ne voulais pas que Dieu en fît les frais. Je Le préfère à toutes les querelles. Et à moi-même. Je ne veux pas dépenser à débattre de Lui avec les hommes l'énergie que je pourrais consacrer à Le servir. Je préfère le Nom de Dieu à ceux qui se réclament de son Nom. Si bien que, tenant à Lui, peu m'importe à quoi les autres tiennent en se réclamant de Lui ; seuls m'importent les quelques-uns qui ne tiennent qu'à Lui.

Alors vous sont offerts les signes dont vous avez besoin. A l'avènement de Jean-Paul II, Soljénitsyne, le plus grand écrivain de ce siècle après Claudel, s'écria du haut de la lucidité où il se tient : « Ce Pape est un don de Dieu. » Pour mesurer cela, il faut que Dieu habite déjà notre cœur et L'avoir reconnu à travers des êtres qui ne sont pas un don si éclatant. A travers les humbles. Car il est une manière de se réclamer du pape qui ne vaut pas mieux que celle qui consiste à abuser du Nom de Dieu. Ou du Nom des pauvres. Marx, Hegel, et les autres, n'étaient pas des humbles, mais des riches, des nantis de l'esprit. Quand je parle des humbles qui sont seuls capables de faire contrepoids, je ne parle pas seulement des humbles catalogués comme tels par des services spécialisés ou les idéologues, mais de ceux qui accueillent leur propre destin pour en éclairer celui des autres. On les reconnaît à un signe immédiat : qu'ils ne pèsent jamais sur vous. D'abord parce que la plupart ne sont pas des gens de poids. Ni par la fortune, ni par le pouvoir, ni par la naissance, ils ne pèsent dans la balance sociale du monde. Ni d'aucune autre manière. Car il arrive, quand on ne pèse rien, qu'on puisse du moins peser dans la vie domestique sur son entourage immédiat : je connais une femme qui a ôté tout espace vital à son mari et ses enfants !

Les humbles dont je parle, suivant la dialectique chère à Simone Weil, échappant à la pesanteur, ne sont que grâce. Ils vous épargnent de chercher du côté de la pesanteur un contrepoids à la pesanteur. Ils n'existent que pour déjouer en permanence les plans des sociétés, des gouvernements, et même des Églises. Mais pour satisfaire au plan de Dieu. J'ai publié, dans *Dieu? Oui*, un dialogue avec Jeanne Pontal : ce dialogue traduit très médiocrement la transparence de cette femme qui venait de célébrer son 98e anniversaire. Quand je veux me référer à l'un de ces humbles qui ont toujours offert au destin d'autrui un instant de grâce, son nom me vient à l'esprit. Quelque visage qu'aie pris sa destinée, elle l'a accueillie avec la même intelligence profonde de la réalité : la naissance de l'enfant et sa mort, l'espoir qui vous porte et celui qu'il faut porter, les biens qui sont offerts et arrachés... Rien n'a jamais altéré l'égalité de son âme, comme si, une fois pour toutes, elle en avait situé l'appui au-delà des traverses de l'existence. En un point secret d'elle-même qu'elle ne nomme qu'à la dernière extrémité, mais que d'ordinaire elle a tu. Elle éprouverait quelque pudeur à nommer Dieu ce point d'appui. De même que le cher André Dhôtel ne le nomme pas non plus, alors qu'Il est présent dans toute son œuvre. Quand on publiera sa correspondance avec Jean Paulhan, on verra que celui-ci ne s'y est pas trompé.

Jeanne Pontal n'est pas allée à la messe tous les jours, ou tous les dimanches ; elle n'a jamais participé à un pèlerinage à Rome, ni même à Lourdes, que pressée par mon imbécile zèle : pour me faire plaisir, mais non pas à elle-même, à qui il suffit du nom de Marie pour se souvenir de la transparence de celle qui l'accompagne depuis bientôt cent ans de son patronage exemplaire. Mais il n'est pas que les croyants pour vous offrir de tels réconforts. Ceux qu'on appelle les saints laïcs sont parfois un contrepoids inattendu et lumineux à l'écœurement que peuvent provoquer les milieux « religieux ». On éprouve auprès d'eux une sorte de soulagement. « Peu importe que vous "croyez" en Dieu : l'essentiel est la hauteur, elle vous tiendra lieu de tout. » Et il est vrai, quand la bassesse d'un croyant vous a blessé, que la hauteur d'un incroyant vous touche plus encore, qu'il y a en elle tout le mystère qui ne tient ni à une idéologie particulière, ni à des dogmes, ni à des doctrines, mais à ce qui en lui est plus que lui, et devient soudain le lieu de communication profonde avec lui dans un mystère qui dépasse l'un et l'autre.

Quand un chrétien me dit que sa référence est Marx ou Hegel, je tombe des nues, moi que cette humble femme rappelle sans cesse à l'évidence qu'il ne faut pas chercher du côté des riches le contrepoids à la pesanteur : ils sont prêts à peser davantage.

Les béatitudes et tout l'Évangile le proclament : Heureux les pauvres, ils voient Dieu, ils vous montrent Dieu. Comment celui qui n'aime pas son frère qu'il voit, peut-il aimer Dieu qu'il ne voit pas ? Quand un homme de Dieu vous a masqué Dieu, il reste un pauvre pour vous le révéler. Tant qu'il y aura un pauvre parmi nous, Dieu sera parmi nous, car Dieu pour s'approcher de nous est devenu lui-même un pauvre. Quand nous ne pouvons plus le retrouver dans l'homme d'église, quand nous le perdons même à travers lui, il reste à le chercher en nous, au lieu où nous sommes dépouillés de tout, et chez les autres, en ce même lieu.

Nous sommes assurés de ne pas Le manquer. Dieu s'est dépouillé de Dieu pour devenir le proche. Dieu a pris ce visage qu'on peut regarder sans mourir. Ce visage même qu'on peut tuer. Sur le visage qu'on tue, quelque chose de Dieu est désormais présent. Plus une existence est consacrée à Dieu, plus elle l'est au Pauvre, qui permet de L'identifier jusqu'au jour où vous lui demanderez : « Mais quand vous ai-je vu en ce monde ? » et qu'Il répondra lui-même : « J'étais en prison et vous m'avez visité... » C'est un instant, que celui où cette pauvreté qui ne demande rien, pas plus qu'Il ne demande, qui se cache comme Il se cache, vous apprend soudain que Dieu n'est pas loin ! Ou cet enfant qui devient la porte du Royaume. Alors, comme le dit si profondément Thibon, « Lui devient Toi ». Alors, même les masques les plus épais deviennent transparents ; des puissants qui croyaient nous tenir en leurs mains ne tiennent rien, et Soljénitsyne a raison d'un empire. Car nous ne regardons plus les puissants eux-mêmes que comme des pauvres : « Il renverse les puissants de lcurs trônes. » Dans ce renversement, ils retrouvent leur place d'hommes.

4

Tant de dieux pour un seul Dieu !

Mais si vous étiez venu au monde non dans un pays chrétien, mais sur les bords du Gange ou du fleuve Rouge, Jésus Christ serait-il votre Dieu ? Et si vous étiez né il y a cinq mille ans, vers quel dieu auriez-vous tourné votre adoration ? A quoi il faut répondre que je suis né dans un village qui n'était pas non plus chrétien il y a deux mille ans. Il avait déjà ses dieux comme l'Inde, en effet, a les siens, et la Chine sa sagesse. Ce qui n'empêcha pas saint Andéol, au péril de sa vie, d'annoncer à ceux qui croyaient aux dieux, le Nom au-dessus de tout nom.

Je ne me fais pas trop d'illusions sur les vertus de

la chrétienté et je ne regrette nullement l'époque des Borgia ou de l'Inquisition. Mais je me réjouis profondément d'être né en terre chrétienne, où la liberté annoncée au monde par le Christ comme inséparable de la Vérité est assez ancrée pour que ceux mêmes qui ne sont plus chrétiens en bénéficient encore. Nulle part que sur la terre chrétienne l'homme n'est libre. Je me réjouis de n'être pas né en terre musulmane, bouddhiste ou communiste. Il me resterait à attendre non plus neuf ans, mais Dieu sait combien, la Nouvelle du Dieu proche. Je vivrais dans la négation de Dieu ou dans une image de Dieu qui en appellerait encore à Jésus Christ. Je suis heureux que mon village se soit converti avant moi, même si, comme moi, il lui reste à se convertir encore. Car il est sûr, du moins en Europe, que le christianisme est apparemment frappé par ce déclin qui a frappé toutes les religions avant lui. Les sondages sont parlants, et les pourcentages de pratiquants plus encore.

Je me souviens d'une conversation avec mon ami Tadeo Takemoto, qui, longtemps grisé par les prouesses techniques de son pays, venait de retrouver avec étonnement les sources religieuses du Japon. Adepte convaincu du zen, il m'ouvrit à sa pratique, et j'en éprouvai aussitôt un immense respect à l'endroit d'une tradition religieuse si profonde qu'elle a créé en ses temples un saint des saints, un lieu vide qui n'est fait que pour accueillir Dieu. Mais aucun homme. Et je me souviens de mon émotion quand il me cita les dernières paroles de son maître : « Avant, je savais. Après je saurai. Mais, maintenant, au moment où mes mains se détachent de la muraille, je ne sais plus rien. » Je lui appris que le Christ sur la Croix éprouva le même abandon, et plus encore, car il savait de Qui il vivait l'abandon. « Père, dit-il, pourquoi m'as-tu abandonné ? » Au moment où ses mains se détachaient de la muraille, il avait perdu la belle assurance qui, avant, lui permit d'enseigner, et, après, de revenir de la mort.

Tadeo Takemoto en fut touché au point de se lever, soudain, dans un mouvement de respect pour les paroles qu'il venait d'entendre. Il reconnut avec émotion que le Christ n'a rien ignoré de ce qui fait la perfection même de certaines approches spirituelles auxquelles l'humanité s'est livrée en dehors de lui ou avant lui. Rien de ce qui est divin ni de ce qui est humain ne lui est étranger. Il reprend tout dans une finalité suprême, où non seulement la prophétie biblique trouve son achèvement, ainsi que prend soin de le préciser le Nouveau Testament, mais où les pressentiments des plus sages et des plus justes des hommes trouvent une confirmation surnaturelle.

Partout où ceux-ci, dans le dépouillement et une entière probité, se sont placés devant le mystère de leur origine et de leur fin, et, sans forcer les mots, ont exprimé la vérité de leur âme, ils l'ont fait, ainsi que le maître de Tadeo Takemoto, en des termes qui n'attendaient que le Christ pour révéler la plénitude de leur sens. Aussi mon projet initial concernant les dialogues qui devaient donner lieu à la publication de *Dieu ? Oui*, n'avait-il pas été d'interroger seulement des chrétiens, mais toutes ces sources spirituelles qui témoignent d'une façon tout humaine que la religion — c'est-à-dire la relation avec Dieu — est inséparable de l'homme, à travers tous les temps et tous les espaces. Mircea Eliade a consacré son œuvre à l'illustrer.

J'ai le souvenir d'une conversation à ce sujet avec Jean-Paul II m'invitant à réaliser mon projet, qui avait quelque consonance avec ce que le pape réalisa en octobre 1986, lorsqu'il invita les représentants des grandes religions, pour la mémorable réunion d'Assise. Car Jean-Paul II appela à Assise des hommes pareils à ceux que j'avais commencé de rencontrer en Afrique, en Asie et ailleurs, dans un mélange d'émerveillement et de regrets. Au-delà d'un débat théologique qui ne manque jamais d'intérêt mais n'a aucune raison de s'arrêter, la rencontre d'hommes et de femmes habités par une certaine idée, une certaine image et plus encore un certain besoin de Dieu, confirme que le seul interlocuteur valable de l'homme, c'est Lui. Et qu'il s'instaure entre ceux qui le savent une immédiate communauté, qui passe sur les clivages, les différences. Elle passe même sur les antagonismes propres aux communautés d'origine de chacun, pour ne penser qu'à partager le même sentiment d'adoration auquel les appelle également le même Dieu.

Déjà le meilleur des textes sacrés auxquels ils se réfèrent éveille chez tous le même respect attentif. Si l'on réalisait un florilège, avec eux, de ce qu'ils disent des questions essentielles comme la mort et l'immortalité, ou les origines, on verrait que ces textes tiennent des discours voisins en même temps que différents. Je n'ai aucun goût pour le syncrétisme, et j'aime rendre à chacun ce qui lui est dû. Mais c'est justement dans un tel esprit que la concordance sur des points essentiels est saisissante. Quelquefois, mot pour mot, les *Upanishads* et le *Livre des morts*, le *Coran* et le *Cantique des Cantiques* invitent le croyant à se délivrer de la lettre pour n'adorer qu'en esprit et en vérité. Dans le sanctuaire désert de Delphes, ou plus exactement hanté par les touristes indifférents, me souvenant de Plutarque et du respect que son âme religieuse éprouvait en ces lieux, je n'ai pas pensé à lui comme à un étranger. Au contraire. La noblesse intérieure qu'il mit au service du culte délaissé me le rend si fraternel qu'il devient le contemporain d'une époque sans âge, où les noms de Dieu n'importent guère, mais bien plutôt que les hommes ne puissent se passer de Le vénérer. Les hommes qui, comme lui et avant lui, ont choisi ce lieu pour y célébrer l'esprit divin ne s'y trompaient pas : on éprouve encore l'envie de prier dans le grandiose cirque montagneux.

Alors, que dire de la rencontre des hommes et des femmes pour qui ces textes ne sont pas seulement objets de débats, mais qui en vivent au plus profond d'eux-mêmes, qui ne se bornent pas à être les exégètes d'une écriture, mais trouvent en chaque mot une source de vie ? La rencontre est si profonde, elle est source d'une telle joie spirituelle qu'il n'est en effet que Dieu pour faire naître entre les hommes une telle plénitude dans leurs propres relations.

Un Dieu que l'on renonce à appeler Jésus Christ afin de favoriser le consensus ? Certainement pas. Des âmes qui brûlent d'amour livrent le Nom de celui qu'elles aiment. C'est justement en ce point de nudité de l'âme devant Dieu que l'interrogation à propos du Christ prend sa dimension essentielle. « Et vous, qui dites-vous que je suis ? » Cette question qu'il pose à ses apôtres — et à nous à travers eux — reçoit de la part de Pierre une réponse si parfaite, que le Christ lui réplique : « Tu ne l'as pas trouvée tout seul. » Même de ce proche parmi les proches, il n'attend pas qu'il discerne aussitôt Celui qu'Il est depuis le commencement. Même des plus saints, des plus parfaits selon des morales exigeantes, il n'attend pas qu'ils reconnaissent d'eux-mêmes qu'Il est Dieu.

Même de ceux qui le suivent : connaître le nom du Christ ne suffit pas à faire de vous un chrétien.

Mais comme il devient bon, dans ces rencontres avec des âmes tournées vers Dieu, de nommer Jésus Christ ! Alors ce Nom prend tout à coup une résonance qu'il n'a pas dans les joutes intellectuelles. Alors, en effet, le « Et vous, qui dites-vous que Je suis ? » exige une réponse qui ne soit pas de pure forme, « Qui dites-vous que je suis, après que moi, je dis qu'avant qu'Abraham fut, Je suis ? » Et dans l'embarras en effet où il nous met, puisque Pierre lui-même n'a répondu que sous l'inspiration de l'Esprit, nous lui retournons sa question : « Qui es-tu ? » Aucune des réponses qu'il donne à cette question ne laisse un croyant, en quelque lieu qu'il soit, tout à fait insensible. De même qu'il n'est pas difficile à un chrétien de reconnaître la pureté de certains textes sacrés étrangers à sa tradition, ou de certaines âmes religieuses étrangères à sa foi, de même n'est-il pas impossible à ces croyants de bonne volonté de reconnaître dans la parole du Christ sa dimension surnaturelle. « Celui qui est dans la vérité entend ma voix », dit-il lui-même. Sa voix, c'est-à-dire Lui.

Tout discours peut être tenu par un autre, mais une voix est unique. Un certain accent n'est que le sien, y compris quand il ose dire : je suis Dieu. Quand les disciples d'Emmaüs, après la Résurrection, ne le reconnaissent pas non plus à son visage, ils se demandent cependant : « D'où vient que notre cœur brûlait en l'écoutant ? » Une certaine brûlure dans le cœur en dit plus long que des exposés détaillés. Celle, par exemple, qui vient en écoutant ces Béatitudes qu'une première fois dans l'histoire sa Voix a proférées. Je n'ai jamais rappelé ou rapporté une parole du Christ à d'authentiques spirituels sans voir la joie éclairer leur visage, sans qu'ils y reconnaissent un écho à la soif qui les habite. Mais il n'appartient qu'à Lui de faire le reste. Lorsque saint Paul, sur la route de Damas où il poursuit les chrétiens de sa violence, est soudain terrassé jusqu'à ne plus rien voir de ce qu'il voyait un instant plus tôt, jusqu'à perdre la vue, au sens physique et spirituel du mot, il lance son cri fameux : « Qui êtes-vous Seigneur ? » Et la voix de se faire entendre à l'aveugle : « Je suis Jésus que tu persécutes. »

Depuis vingt siècles, les persécutions contre Jésus et ses disciples ont pris des formes diverses : agressives ou sournoises, directes ou détournées, mais toutes ont pris un seul et même motif : nier qu'il était Dieu. On veut bien — le moral et le social, par exemple — lui reconnaître d'autres vertus — celles en général que l'on prise soi-même et que l'on est censé posséder aussi — mais non pas qu'il soit Dieu. S'il s'en tenait à ce qu'on veut bien lui accorder — sous-entendu : nous sommes juges et non pas lui — alors on ose prétendre qu'on lui reconnaîtrait une place qu'on lui refuse simplement parce qu'il ose ajouter qu'il est Dieu. Aucun des martyrs du martyrologe si riche en diversité, n'a pourtant donné sa vie pour affirmer que Jésus était souverainement bon ou souverainement lucide, ou souverainement intelligent : chacun l'a donnée uniquement pour maintenir qu'Il était Dieu. Parce qu'ils l'avaient reconnu dans son identité irréductible, plus rien n'avait d'importance à leurs yeux que de témoigner de ce qu'ils savaient.

Et il est bien vrai que si l'on taisait cette qualité essentielle sous prétexte de rendre les autres plus accessibles et plus acceptables, on aurait peut-être gagné provisoirement en tranquillité au milieu des mortels qui nous entourent provisoirement, mais on aurait tout perdu du point de vue du Christ. Et de plus loin que nous-mêmes, de plus haut que les tribulations présentes, son point de vue sur Dieu importe plus que le nôtre. Or son point de vue, nous savons ce qu'il est : « Qui me voit, voit le Père », qui me voit, voit Dieu. Ce que disent de Dieu ces hommes et ces femmes d'une si rare qualité spirituelle qu'on voudrait souvent leur ressembler, ne va jamais jusqu'à oser dire ce que dit le Christ. Pas un prophète, pas un disciple, ni avant, ni après lui, personne n'a soutenu une affirmation si énorme qu'elle lui a coûté la vie d'abord à lui-même. Scandale pour le grand prêtre juif d'entendre proférer une pareille énormité ; il déchire ses vêtements : « Qu'avons-nous besoin de témoins : il a blasphémé ! » « Il est venu parmi les siens et les siens ne l'ont pas reconnu. » Reconnaître que Jésus n'a pas menti, ni extrapolé, ni déliré, quand il osait affirmer qu'il était Dieu, n'est plus offert seulement aux siens, c'est-à-dire à ceux qui l'attendaient mais ne l'ont pas reconnu, mais à toutes les nations, toutes les religions, tous les hommes.

Non dans une perspective totalitaire — où la partie est érigée en tout, et d'autant plus totalitaire qu'elle n'est pas le tout — mais comme une réponse à la question que tous les hommes se posent, et qu'ils posent chacun de manière personnelle et renouvelée : Qui suis-je ? Qui me donnera la clé de l'énigme que je suis à moi-même ? Que Christ soit universel, parce que nul n'est exclu de trouver en Lui sa clé, Marie Noël l'a exprimé dans un poème magistral et humble : « Jadis, dans mon pays, il vint un grand prophète… » Dans cette ambition universaliste à travers le temps et l'espace, il est certain que le zèle des chrétiens a parfois outrepassé l'intention du maître. Celui-ci n'a jamais demandé de retourner la persécution dont il était l'objet contre ceux qui le persécutaient. Le célèbre : « Celui qui met la main à l'épée périra par l'épée », et le non moins célèbre : « Si l'on te frappe la joue droite, tends la joue gauche », n'ont pas toujours inspiré ceux qui se réclament du Christ. Comme en mainte autre circonstance le disciple est invité à l'impossible, c'est-à-dire simultanément à gagner l'univers entier au règne du Christ, et à le faire sans utiliser les armes du monde.

Il a cependant promis à ceux qui le suivent qu'ils vaincraient le monde. Il est vrai pourtant que, depuis deux mille ans, les chrétiens ont si souvent utilisé les armes interdites qu'ils en sont venus à les utiliser les uns contre les autres, sous l'étonnant prétexte de sauver l'intégrité de la foi. Qu'ils prennent les armes, peut-être, — et là n'est pas le débat — pour défendre leur famille menacée, leur vie contre un brigand, leur patrie. Mais qu'ils prétendent le faire au nom du Christ est en soi un contresens monumental. Quant à le faire les uns contre les autres, l'histoire nous a offert et nous offre encore ce spectacle. Il n'y a pas loin de l'esprit qui entretient les guerres de religion à celui d'exclusion qui sévit aujourd'hui à l'intérieur même de chaque Église.

Si les « chrétiens » n'étaient pas devenus dans les sociétés occidentales une minorité, on pourrait craindre que ce ne soit pas à coup de virulents articles ou de manœuvres sordides qu'ils se porteraient tort, mais à coups de hache ! Il suffit de savoir comment se comportent certains d'entre eux envers telle faction intégriste ou progressiste pour avoir froid dans le dos :

Dieu soit béni que leur pouvoir ne dépasse pas les bureaux ! Nous n'avons le choix qu'entre le fratricide et le fraternel. Combien de dieux se disputent l'adoration qui revient au Christ ? Certes, une multitude. Mais combien de Christs se disputent ceux qui se réclament de Lui ? Voilà l'autre de ces épreuves dont il est difficile de sortir sans en être certainement blessé. D'une blessure inguérissable.

Tant de dieux pour un seul Dieu ! Tant de Christs pour un seul Christ ! Nous savons bien où en est la cause, et les Grecs parlaient déjà de la « multiple épreuve de l'Un ». Il reste que tous ceux qui s'en plaignent, tous ceux qui le regrettent, et plus encore tous ceux qui en souffrent, sont justifiés dans leurs troubles. Non content d'opposer les dieux aux dieux, voici que l'on oppose chaque dieu à lui-même, et le Christ au Christ, suivant cet esprit de division et de rupture qui est le signe même de l'esprit de malice. Le signe du Malin. Comment les chrétiens seraient-ils épargnés, puisque le Christ lui-même, avant qu'il ne commence sa vie publique, fut invité à se renier lui-même, quand le Prince de ce monde lui offrit de partager son pouvoir ? Opposer le Christ au Christ, c'est par excellence l'œuvre maligne à laquelle succombent aussi des chrétiens. Opposer un Christ qui est Dieu, à un Christ qui n'est plus que n'importe qui d'autre, pourvu qu'Il ne soit pas Dieu !

Ceux qui ont approché le mystère divin de sa Personne ressentent cette division comme une douloureuse épreuve dont ils voient bien que les premières victimes sont ceux qui y sont soumis. Mais si, comme le dit Mistral, le « diable porte pierre au bâtiment de Dieu », si du mal peut naître un bien, de cette douleur même peut naître une espérance. « Le seul mal incurable est le mal qui ne fait plus mal », écrit Thibon. Ce mal qui fait mal est l'occasion d'une prise de conscience inédite dans l'histoire universelle. D'abord, qu'après avoir tenté d'opposer les dieux aux dieux, c'est-à-dire, en fait, les hommes aux hommes, on pouvait tenter aussi de chercher le lieu où ils ne s'opposent pas. Non à la manière grecque qui les accueillait tous avec une égale indifférence, jusqu'à élever un autel au dieu inconnu, mais dans un tel souci de Dieu, une telle obsession de la vérité de Dieu, qu'on ne cherche plus à nier Dieu au nom des dieux, mais au contraire à découvrir à ces affirmations parfois contradictoires ce que toute la malice de la diversité des hommes n'a jamais pu masquer : la recherche de l'interlocuteur valable à notre soif d'éternité.

Peut-être commence l'ère où l'on ne recherche pas Dieu les uns contre les autres, mais les uns avec les autres. L'obsession, à travers les dieux, de ce qui n'est plus que Dieu, ou de Dieu. Non en dépouillant l'homme — l'intellectuel est encore de l'humain et pas meilleur que le charnel, ni pire — mais en découvrant au cœur de l'homme, la brèche ouverte du côté de Dieu. Et ce qui est vrai des hommes de religion, l'est davantage encore des disciples du Christ. C'est une telle obsession qui toucha l'Américain Vereidi devant le spectacle désolant que lui offrait son pays d'une multiplication indéfinie de chapelles se réclamant d'un Christ différent. Les unes de manière profonde, les autres de façon fantaisiste, mais toutes en opposition avec la voisine. C'est d'ailleurs pour l'Européen un tableau folklorique que de lire tout au long d'une même avenue à quelle sauce le Christ est mangé. Vereidi, comptant lui-même, dans chacune de ces Églises, assez de vrais amis, pour savoir que toutes ont des disciples de bonne volonté, adorateurs en esprit et en vérité de l'Unique Seigneur auquel lui-même avait offert sa vie, il décida d'inviter d'abord quelques-uns de ces amis, puis les amis de ces amis, à des rencontres, non à des débats stériles comme les Français les aiment tant, où chacun tente d'exceller aux dépens de l'autre et de Dieu, mais à des rencontres de prières, où Dieu seul compte. « Là où deux ou trois sont réunis en mon nom, je suis au milieu d'eux. » J'ai le bonheur d'appartenir depuis presque vingt ans au groupe français fondé par Edmond Michelet, repris par Jacques de Vogüé et Joseph Fontanet, et c'est ce dernier, dont l'incomparable amitié remplit aujourd'hui mon souvenir avec autant d'acuité que lorsqu'il remplissait ma vie, c'est ce dernier, dis-je, qui, le premier, me parla, au retour d'un voyage aux USA, de la découverte qu'il venait de faire de ces groupes de prières. Il en était bouleversé. L'homme politique soucieux de respecter la règle française de neutralité avait vu ces gouverneurs, sénateurs, représentants, réunis à trois ou quatre mille, au-delà des clivages politiques, ecclésiastiques, uniquement pour une action de grâce commune, et pour marquer que le « voyez comme ils s'aiment » l'emporte sur le « voyez comme ils se haïssent ». Au seul nom de Jésus Christ, ils acceptent de faire taire un moment ce qui les oppose ailleurs, de communier ensemble un moment à Celui qu'ils ont en commun, et de Lui laisser l'initiative de les révéler les uns aux autres jusqu'à peut-être les réunir. Vereidi, Douglas Coe et les autres, n'ont surtout pas voulu fonder une nouvelle Église, ce qui serait contraire à tout ce pour quoi est né le mouvement international qu'ils nomment *fellowship*, terme intraduisible en français, puisqu'en lui se recoupent l'idée de fraternité dans le Christ, celle d'amitié universelle dans la foi au Dieu unique, celle d'une prière universelle à laquelle cette fraternité et amitié engagent ceux qui en ont découvert le merveilleux bienfait.

Je me souviendrai toujours de l'émotion qu'à Washington j'éprouvai, lorsque, pour la première fois, je découvris moi-même, après Fontanet, cette rencontre internationale et nationale qui fait tomber soudain toutes les barrières. Il n'est qu'à Rome, à Saint-Pierre, que l'on puisse voir ainsi toutes les nations rassemblées au Nom du Christ. Joseph Fontanet venait d'être assassiné, et mon émotion se doublait de faire sans lui ce voyage que je devais faire avec lui. Il était présent cependant à cette découverte, et si, après deux ou trois ans de résistance — je me sens à l'opposé d'un guide spirituel, et j'ai en horreur d'organiser des meetings religieux : un écrivain, même catholique, me paraît avoir d'autres obligations, surtout s'il est père —, j'ai accepté, cependant, l'idée d'organiser en France des rencontres de prière d'un style différent de celui que j'avais vu aux États-Unis, mais dans le même esprit, c'est uniquement à la mémoire de Joseph Fontanet, qui voulait le faire lui-même. Je l'ai accepté en toute indépendance d'esprit et sous ma seule responsabilité morale et matérielle (mais un petit déjeuner ne coûte pas très cher). Et parce que je ne connais pas au monde une seule autre communauté spirituelle qui tende, au seul Nom du Christ, dans le seul dessein de prier ensemble, à une relation plus profonde et plus heureuse entre les hommes. Y compris, je dois le confesser, dans mon Église. Ce qui m'aura sauvé durant dix ans, c'est cette communauté qui permet qu'en quelque lieu du monde où vous vous trouvez, vous êtes certains de rencontrer des hommes et des femmes obsédés de la même amitié en Jésus Christ. Et il suffit qu'un Australien ou un Africain de passage à Paris et qui tient mon nom d'un Allemand ou d'un Péruvien avec qui il a prié, me téléphone pour que je l'accueille. Et jamais, ou presque, je n'ai accueilli quelqu'un qui fût indigne d'appartenir à cette grande famille. Quand je vois la méfiance, le soupçon qui règnent dans la plupart des familles chrétiennes d'aujourd'hui, sur quels misérables projets elles fondent leur solidarité, je ressens comme l'entrée dans une sorte de royaume.

J'ai donné quinze ans de ma vie à la presse catholique — je dis bien donné car mon salaire n'a jamais dépassé le SMIG, et je n'y ai acquis aucun titre journalistique — pour me retrouver exclu. Je sais bien que la reconnaissance n'est pas une vertu chrétienne, mais simplement naturelle et qu'on apprend beaucoup plus à cet égard auprès de certains païens, mais j'ai reçu comme une délivrance que, dans une communauté chrétienne aussi, on sache donner du prix à la générosité et qu'elle ne soit pas offerte en vain. Et mes expériences d'éditions catholiques sont horribles. L'amitié qui lie notre couple à celui, un peu plus âgé, des Bostetter, à celui des Bell et des Temple, des Decker en Allemagne, est la joie de notre vie privée. Voyager ensemble ou rester ensemble dans la même ville, voire la même maison, pour y vivre simplement le quotidien comme un miracle, chacun y étant pleinement lui-même, n'a pas de prix. Et je vois la même chose s'instaurer en France dans les quelque trente groupes qui sont nés au hasard d'une rencontre. Fatigués des querelles intestines, des querelles de génération, des querelles de latin, tous n'aspirant qu'à connaître ensemble ces instants de paix dont Jésus

Christ est le maître. Ces groupes de laïcs — les clercs sont invités parfois, mais par courtoisie, et ne jouent aucun rôle —, du fait même de leur indépendance sont délivrés de certaines peurs qui paralysent les initiatives ecclésiales. « Pourvu que les laïcs tiennent », disait justement un clerc au plus fort de la tourmente. Avant d'entamer *Dieu ? Oui*, je vis à trois reprises le cardinal Daniélou. Je lui fis part de mes projets, et nous en discutâmes très librement. Outre la puissance de l'esprit et l'étendue de la culture, il possédait le sens suraigu de « l'obsession de Dieu ». Une de ses recommandations catégoriques fut la suivante : « Ne prenez que des laïcs. Pas un clerc : votre livre en souffrirait. » Pour n'avoir pas suivi ce conseil et choisi cependant un clerc pour l'un des dialogues, c'est le seul que, de ma propre autorité, je dus décider de retirer. Alors qu'aucun laïc, de l'astrophysicien au sociologue, de l'écrivain au philosophe ne faillit à sa responsabilité de témoin.

Alors Dieu contre tous les dieux, et aussi contre toutes les Églises ?

5

Les religions et la religion

Maurice Clavel et André Frossard, dont les tempéraments sont aux antipodes l'un de l'autre, ont cependant vécu ce qu'il est convenu d'appeler « les événements de mai 68 » dans un même état d'esprit, celui qu'il importe de lire à travers la contestation des sociétés de consommation, un élan chaotique mais indéniable vers des sources spirituelles. Car, par-delà les différences, il est vrai qu'ils sont également chrétiens en profondeur, c'est-à-dire attentifs aux signes des temps. C'est dans ce même état d'esprit que j'ai traversé ces heures brûlantes. « Sous les pavés, la plage », il y a là plus qu'un programme : une invitation à retrouver sous le béton contemporain, idéologique, mécanique, politique, la réalité première et ultime sans quoi la vie n'a plus de sens.

Un soir où nous dînions à Castel-Gondolfo, à la table du Saint-Père, le cardinal Koenig dit tout à coup : « Demandez à Christian Chabanis de vous parler de mai 68 en France ; il a sur ces événements une opinion qui nous intéresse. » Et comme le pape acquiesça, j'essayai de développer et d'illustrer, malgré l'obstruction du traditionaliste de service, cette opinion que les bavures ne devaient pas nous masquer le caractère profond du refus qui saisit une partie de la jeunesse à l'endroit des fausses valeurs dont se réclament les sociétés de consommation qu'elles soient capitalistes ou socialistes. Le fait que les deux idéologies aient été renvoyées dos à dos au début des événements est assez significatif. Qu'ensuite, elles aient tout fait pour récupérer ce qui n'était pas né d'elles, témoigne assez qu'elles en mesuraient la portée sociologique même si elles n'en saisissaient pas la dimension métaphysique. D'ailleurs, qui la saisit vraiment en dehors d'un Frossard ou d'un Clavel ? Certainement pas les clercs dont la plupart ne trouvèrent là, quand ils n'étaient pas hostiles, qu'une occasion de brûler ce qu'ils adoraient, et, balayant tout sens critique, se mirent à scier la branche sur laquelle ils étaient assis. Notamment les institutions qui les avaient fait ce qu'ils étaient, et dont ils paraissaient soudain ne plus tenir compte, comme des fils de famille insouciants dilapident l'héritage amassé par leurs pères.

C'est justement la question que me posait Jean-Paul II : celle des institutions quand se lèvent soudain ces mouvements libérateurs incontrôlables, tant ils mettent en jeu de passions contradictoires. A la faveur même de tels événements, quelle parole formuler à leur sujet, qui non seulement dénonce la sclérose des institutions, mais fasse redécouvrir leur vertu oubliée, y compris d'elles-mêmes ? Si elles sont une vertu... Et là est la question. Car les révolutions n'apportent qu'une réponse : la table rase. Mais les révolutions engendrent à leur tour des institutions. On a fabriqué le terme de révolution permanente. Repartir à zéro, comme si des mots aussi radicaux avaient un sens. Faisant comme si... Comme si l'homme n'était pas l'homme et recommençait le monde à partir de rien. Soyons Dieu en quelque sorte, mieux qu'il ne l'a été lui-même. Toute institution est caduque du fait qu'elle a été : la famille et les examens, l'université et l'Église...

L'institution Église est d'ailleurs vécue avec difficulté par ceux-là mêmes qui en sont les représentants officiels : on ne compte plus les évêques, les prêtres, les religieux mal dans leur peau, dont ils n'ont pas réussi à se défaire aussi facilement que d'une soutane. S'il est convenu de trouver encore à Dieu quelque vertu ce n'est qu'à fin d'en trouver moins encore à l'Église ! D'établir un fossé non seulement entre elle, et l'homme, mais entre elle et Dieu. Alors, comment ceux qui sont sur le seuil, et loin du seuil, pourraient-ils éprouver la moindre envie d'entrer dans une communauté vilipendée par ceux-là mêmes qui la composent ?

La réponse est loin d'être facile. Dans le dialogue que nous échangions avec Maurice Clavel, quelques jours avant sa mort, nous faisions ensemble des vœux pour que quelques-uns cependant s'emploient de toute leur âme à la chercher. Des laïcs et des clercs. Rien n'est plus embarrassant, pour l'harmonie des personnes et des sociétés, que cette rupture soudaine entre les buts de l'aventure humaine et les routes balisées pour y atteindre. Je ne parle pas des francs-tireurs, qui ont toujours choisi les chemins de traverse. Mais un peuple entier, une communauté, ne s'aventure pas sans dommage en pleine brousse sans se perdre. Nous avons vu ce qu'il est advenu du peuple de Pnom-Penh, de celui d'Éthiopie, que les idéologues ont sacrifié à une idée : ils sont morts en chemin.

Les écrivains, les artistes sont toujours des aventuriers, et doivent suivre comme tels leur vocation, à leurs risques et périls. Mais une communauté humaine tout entière ne saurait prendre les mêmes risques : les lois de l'incarnation s'y opposent formellement. On peut exiger l'héroïsme des héros. On ne saurait l'exiger d'une foule où nul ne marche du même pas. Et la morale qui sacrifie les traînards est une morale fasciste même si les marxistes s'en réclament. Les institutions religieuses, comme toutes les institutions, remplissent aussi une œuvre d'assistance nécessaire à toute vie en société, et dont bénéficient les moins favorisés. Par exemple, les enfants, victimes désignées de toutes les sociétés idéologiquement totalitaires dans lesquelles aucune institution ne joue le rôle de garde-fou. Et de médiateur.

Quand le Christ institue l'Église, il sait bien sûr à quoi il s'expose et nous expose. L'institution dont lui-même est l'aboutissement, la Synagogue, le jugera et le condamnera au nom de Dieu, sans que lui-même ne prononce contre elle le moindre mot : « Je ne suis pas venu abolir la loi, mais l'accomplir. » Il sait bien aussi qu'à moins de retirer ses disciples de ce monde, il ne peut éviter de les exposer à tout ce qui fait l'ambivalence de toute institution : qu'elle tienne de l'humain tout ce qu'elle a d'humain. « Je ne vous demande pas de les ôter du monde, mais de les préserver du mal. » Et qu'il se résolve justement à fonder sur Pierre son Église, sur le plus humain et le plus mêlé des apôtres, lui jetant, à une minute de distance : « Retire-toi de moi, Satan, tes pensées ne sont pas de Dieu mais de l'homme », est révélateur de la distinction qu'il opère entre le nécessaire et le parfait. Il confie sa mère à Jean ; il ne lui confie pas l'Église, Il confie à l'amour pur ce que l'amour pur peut garder : l'au-delà de toute institution, la virginité, la maternité, la transparence absolue.

Mais, quand il s'agit de confier le troupeau mêlé, il choisit Pierre, lui-même mêlé : celui qui marche sur les eaux mais s'enfonce, qui met la main à l'épée, qui propose de laver tout le corps quand son maître ne lave que les pieds. L'incohérent serviteur trop zélé est déjà l'Église, dans ses maladresses et ses aveuglements, mais aussi dans la rectitude et dans le don de soi quand l'essentiel est en jeu. Car Pierre qui trahit avant que le coq ne chante, Pierre qui se cache dans la foule pour suivre Jésus, à l'heure ultime demande à être crucifié la tête en bas, s'estimant indigne de la même peine que son maître.

L'institution-Église lui ressemble à chaque page de son histoire. Où l'on attendait saint Jean, présent jusqu'au pied de la Croix, avec les saintes femmes, avec le Christ dépouillé de sa divinité mais plus Dieu que jamais, on trouve Pierre, partagé entre l'élan téméraire et la prudence toute humaine ; presque la malice du prince de ce monde. Il faut savoir cela pour aimer Dieu comme Dieu, et l'Église comme Église. Il m'est arrivé quelquefois de penser quel bonheur ce serait de ne pas se sentir partie prenante de son institution, de pouvoir en user avec elle comme ceux qui ne l'aiment pas, porté en cela par mes origines — j'ai vécu dans un milieu familial qui tient pour néant ce qu'elle enseigne, et pour qui une encyclique se situe sur une autre planète. L'anticléricalisme fait partie du tout que j'ai sucé à la mamelle, s'inscrivant d'ailleurs dans une profonde tradition méridionale, à la fois monarchiste et albigeoise : les Occitans n'ont jamais pardonné à l'Église romaine son comportement dans la croisade des Albigeois et son identification à Simon de Montfort.

Tout respectueux qu'il soit, Frédéric Mistral gardait lui aussi son quant-à-soi face à son curé. Mais dans l'attitude même de Mistral on relève clairement ce qui assure la pérennité même de l'attachement à l'Église : de ne la confondre jamais avec Dieu. De la distinguer de Lui, sans la séparer de Lui. De considérer que tous ses actes sont loin d'être divins, sans oublier jamais que son origine, elle, et sa fin, sont divines. Quand on se souvient de qui nous a donné l'Église, et pourquoi, on pose sur elle le regard de ceux qui n'attendent l'absolu que de l'absolu et qui savent dans quel contexte relatif leur parvient l'absolu. En cela consiste tout l'apprentissage de la vie et d'un art de vivre. D'une sagesse.

Mais une sagesse qui commence à la folie, à l'obsession de Dieu. Une sagesse qui n'est pas celle que donne le monde — quand Maurras ne voyait dans l'Église qu'un des piliers utilitaires de la monarchie, sa sagesse n'était que celle du monde et d'un agnostique. « Celui qui veut devenir sage, qu'il devienne fou. » Fou de Dieu. Alors il comprendra pourquoi Dieu ne peut pas se passer d'une Église.

Comme tous ceux qui l'aiment d'un amour irrévocable, j'ai souffert, pour ne pas dire je souffre, de l'Église. Elle met à l'épreuve au moins autant ceux qui la servent que ceux qui la combattent et elle ne canonise les saints qu'après leur mort. Quand elle consacre quelqu'un de son vivant, elle le lui fait payer très cher. Ni Mère Teresa ni Jean-Paul II ne sont à l'abri des difficultés. L'hagiographie est à cet égard le plus éloquent des tableaux. Morts, il semble que l'Église va pouvoir user à volonté du capital de sainteté mis à sa disposition par les saints, et durant leur vie et après leur vie. Mais vivants, ils ont toujours quelque chose du caractère imprévisible de Dieu lui-même : ils ne ressemblent à aucun programme, à aucun projet que le leur et celui de Dieu. Même pas à un autre saint. Ils ne ressemblent qu'à eux-mêmes avec tout ce que cela représente de déroutant pour ceux qui ont fixé des bornes à l'intention divine et humaine.

Car rien n'est plus semblable à l'histoire des saints que celle des artistes. Eux aussi, qui sont le fleuron d'une culture, avant d'être reconnus comme tels subissent de sa part les pires méconnaissances, voire les pires outrages. On n'imagine pas qu'un Rembrandt ou un Goya naissent d'une institution : ils ne naissent que d'eux-mêmes, y compris lorsqu'ils ont puisé dans leur environnement la part indispensable pour devenir eux-mêmes. Mais leur existence est souvent un calvaire : l'image de la perfection qui les habite — perfection esthétique et non morale, en l'occurrence — leur offre du même coup un sens non moins aigu de l'imperfection. Leurs violences, leur intolérance même, ne s'expliquent que par la souffrance qu'ils éprouvent à voir bafouer l'image de la perfection qui est en eux, et qui se heurte à l'imperfection de celle qu'on leur oppose. Aucun ministère, ni aucun ministre de la Culture ne remédiera jamais à une telle situation. Malraux qui fut lui-même un créateur était un autre homme dans la peau d'un ministre. Les institutions artistiques, pour nécessaires qu'elles soient, n'ont jamais remplacé les créateurs, et ne sont même pas assurées de discerner toujours un vrai talent. Il y a là une constante pratiquement irréductible.

Or, si le sens de la perfection du saint porte sur un autre modèle qu'esthétique, il produit cependant socialement les mêmes effets. Du dialogue entre le saint et l'Église, on tire un enseignement qui n'est pas seulement profitable aux saints mais à tous ceux qui sont un peu candidats à une certaine exigence de perfection. Car ce dialogue est loin d'être seulement négatif, ainsi qu'on se plaît à le penser aujourd'hui. Eux-mêmes ne tirent d'ailleurs des difficultés qu'ils rencontrent qu'une occasion de manifester plus profondément leur attachement organique à l'institution qui les met à l'épreuve. Dans son caractère toujours extrême et parfois dramatique, ce dialogue, comme celui des dramaturges pour ce qui concerne l'amour, illustre tous les traits qui font qu'en effet l'institution-Église n'en est pas moins nécessaire pour imparfaite qu'elle soit. Et rien n'est plus éloquent, notamment, que les saints qui ont consacré leur sainteté à la fondation d'un ordre religieux.

D'une manière générale, ayant reconnu en eux l'appel de Dieu à suivre une voie exigeante, ils ont d'abord cherché à s'insérer dans l'un des ordres religieux à la porte desquels ils pouvaient frapper. Certains n'ont passé que quelques mois dans ces communautés, d'autres — comme Mère Teresa — des années. Ils ont cherché, à l'intérieur même, à répondre à la plus grande exigence qu'ils ressentaient en eux, et qui leur faisait ressentir comme insuffisantes ou imparfaites les réponses que de telles communautés opposaient à leur exigence. C'est ce que fit la grande Thérèse d'Avila, réformatrice du Carmel, au point qu'un nouveau Carmel semble né d'elle. Elle est retournée au fondement de l'ordre et elle a entraîné l'ordre lui-même dans ce retour.

Mais beaucoup d'autres, après un certain nombre d'expériences décevantes, franchissent un jour le Rubicon : ils se séparent de l'institution à laquelle ils avaient uni leur destin, et fondent leur propre communauté. Avec quelques-uns d'abord ; avec un plus grande nombre ensuite. Et, d'ordinaire, cette communauté nouvelle est plus adaptée que celle qu'ils ont quittée, non seulement à leur exigence intérieure dont eux seuls détiennent la clé, mais aux besoins spirituels de leur époque. Aucun ordre religieux, si véritable, si admirable soit-il, n'a jamais répondu à la totalité de ces exigences et de ces besoins.

Ainsi naissent, avec chaque génération, dans l'Église catholique, des ordres nouveaux qui rencontrent d'abord la méfiance voire l'hostilité des anciens et parfois de l'Église. Il arrive qu'ils aient à faire leur preuve dans un refus quasi général, et qu'ils atteignent au fond du désespoir. Mais ceux qui rompent alors avec l'institution rompent avec leur vocation même. Ceux qui croient pouvoir réaliser contre l'institution ce qu'ils n'ont pas pu réaliser avec elle, se condamnent à ne pas réaliser du tout, ou bien d'une manière qui restera toujours entachée du signe du divorce, l'œuvre à laquelle ils étaient appelés. Ceux qui résistent en revanche à toutes les pressions qui entendent les détourner de leur intuition irréductible — le dialogue de Jeanne d'Arc et de l'évêque Cauchon reste à cet égard immortel et exemplaire —, qui ne se rendent pas, y compris devant le déploiement effrayant de la puissance séculière — saint Jean-Baptiste de la Salle, fondateur des Frères des Écoles Chrétiennes fut privé de dire la messe à quelques jours de sa mort ! —, ceux qui endurent tout, comme d'une mère indigne de sa maternité, mais refusent pourtant de rompre la filiation, ceux-là reçoivent un jour leur récompense, et de Dieu certes, et de l'institution même qui les a persécutés.

Mais que voit-on quelques années plus tard ? Que cet ordre neuf, devenu à son tour institution, obéit aux mêmes réflexes que les ordres qui l'avaient le plus mal accueilli. Passé l'élan créateur, qui paraît défier la logique ordinaire, la pesanteur reprend tous ses droits. Et c'est peut-être de cet ordre lui-même que surgira bientôt, mais en le quittant, l'institution d'un ordre nouveau qui connaîtra certainement les mêmes tribulations que ses fondateurs. Parce qu'il est vrai que l'institution, et l'Église comme toutes les institutions, n'accepte et n'intègre d'abord que ce qui ressemble aux modèles qu'elle s'est fixés. Dans son « évolution créatrice », elle connaît les mêmes lois humaines qui ont condamné d'autres institutions à leur perte. Elle fait subir les mêmes épreuves qui ont amené parfois les meilleurs à s'insurger contre elle. Mais pas toujours les meilleurs.

Tous ceux, en effet, qui s'insurgent contre l'institution ne le font pas par surabondance. Lorsque Marie Noël écrit : « J'ai rongé tant, qu'est mort, de patiente usure, ce que j'avais de trop pour habiter chez eux », elle laisse entendre qu'il est une mesure chère aussi à Procuste, pour laquelle on est trop, ou pas assez, grand. Être en difficulté avec l'institution n'est le critère d'aucune supériorité, comme le croit naïvement une génération estudiantine qui se paye de mots ronflants. C'est la nature même de ces difficultés qui permet de trancher. Il reste que dans la longue histoire des ordres religieux, certains disparaissent sous le coup de leur pesanteur. Il n'est pas dit qu'un jour ne s'effacent les jésuites et les dominicains : ils ne sont pas l'Église, ils n'ont pas reçu les promesses d'éternité qu'elle a reçues, et d'autres formes de vie chrétienne sont nées sans que nous sachions ce qu'elles dureront. L'Opus Dei, les Foyers de Charité, Communion et Libération, les mouvements charismatiques, les communautés néo-catéchuménales et combien d'autres mouvements spirituels qui n'étaient rien il y a un siècle ou un demi-siècle, ont surgi en germinations nouvelles dans l'Église contemporaine.

Mais seule l'Église est appelée à traverser plus ou moins heureusement toutes les époques et à leur survivre. Et tandis que toutes les institutions, sans exception, sont vouées à la caducité, elle a reçu de Dieu même la promesse de la durée, si bien que la question à son propos ne se pose comme d'aucune autre institution. Le débat est d'une autre nature. Elle n'est pas Dieu, mais la promesse de Dieu lui permet de surmonter tout ce qui, en elle, ne vient que des hommes et condamnerait n'importe quelle autre institution à la mort. C'est d'ailleurs certainement là qu'on touche au plus profond du mystère de l'Église. L'anarchiste Daniel Guérin, me faisant part des réflexions de sa femme sur cette pérennité, n'y voyait que la preuve d'une habileté extrême. Qu'elle se soit faite aristocratique quand le pouvoir l'était, puis bourgeoise quand le pouvoir l'est devenu, et qu'aujourd'hui elle flirte avec le socialisme, il n'y voyait que le fait d'un art suprême du politique. D'autres disaient même :

art démoniaque. Mais ce serait déjà accorder que là où Dieu se retire, le Prince de ce monde manifeste sa puissance.

6

Y a-t-il un Dieu du mal ?

Comme il existe un Dieu du bien, n'y a-t-il pas un Dieu du mal, se demande parfois la conscience visitée par le sentiment qu'une autre puissance gouverne le monde ? Dieu ne peut pas être injuste, méchant, etc. Il y a donc un autre Dieu. Je crois avoir touché à certaines heures quelque chose de ce malheur extrême. Pierre Chaunu l'a décrit dans une page que je ne relis jamais sans émotion.

De l'intérieur, le sentiment de l'innocence frappée est dévastateur. Parce qu'on ne peut pas imaginer d'abord que Dieu ait une part à la mort d'une jeune mère tout à la joie de la naissance de son enfant, comment ne pas attribuer, à un dieu mauvais, ce malheur extrême ? Et les deux se feraient la guerre sur le dos des pauvres hommes aussi démunis devant l'un que devant l'autre. Livrés tantôt à l'un, tantôt à l'autre, dans le jeu absurde et cruel d'une existence dramatique. Rien n'est plus douloureux que de penser tout à coup à travers sa propre impuissance que Dieu n'est pas tout-puissant. Les mythologies manichéistes sont nombreuses à l'affirmer — avec des nuances —, et, plus ou moins obscurément, beaucoup le pensent sans le formuler aussi précisément. Le Mal est si puissant en ce monde, le malheur des hommes si constant qu'il semble souvent difficile d'attribuer à la seule humanité tant de traverses. Et plus difficile encore de l'attribuer à Dieu.

Que l'on éclaire de la lumière noire du soleil de Satan certains événements impossibles à expliquer par la seule action humaine et, soudain, tout rentre dans l'ordre. L'homme n'est pas l'origine du bien, mais il n'est pas non plus l'origine du mal : en lui se disputent deux royaumes dont il n'est que le jouet. Ou l'arbitre. La prière du Dr Faust à Méphistophélès entre dans le plan de ce dualisme absolu, qui n'épargne à certaines heures aucun esprit quand la mesure est comble, et le sentiment d'impuissance total. Satan mène le bal, et comme si le dieu du Mal et celui du Bien s'étaient partagé les hommes, il semble que certains — pour ne pas dire le plus grand nombre —, maudits dès l'origine, n'échappent pas à leur destin condamné au mal et au malheur.

La plupart des religions, christianisme compris, ont d'ailleurs succombé, dans leurs phases pessimistes, à un tel manichéisme. Elles marquent du fer rouge un certain nombre de malheureux qui ne voient plus, dans leur malice ou leur détresse, qu'ils puissent jamais relever du Bon Dieu. Comment justifier autrement l'innocence violée, l'enfant martyr ? Comment expliquer que nous nous échappions du meilleur de nous-même selon une volonté qui n'est pas la nôtre ? La rencontre de l'Autre est un moment non moins inoubliable que la rencontre de Dieu. L'Autre ne se borne pas à faire oublier le nom de Dieu, mais d'abord à faire oublier le sien. On se souvient des pages de Mauriac sur son enfance préservée. « Nous étions élevés comme si nous étions destinés à vivre toujours parmi les anges. » Mais ce devait être déjà l'éducation qu'avait reçue le Fils Prodigue, puisque l'Écriture dit joliment que ce fils ayant, jusqu'au départ de la maison familiale, fait ses délices du pain des anges, il allait désormais vers la nourriture de pourceau.

Et Mauriac a bien tort d'affirmer « qu'on ne fait plus des enfances comme la nôtre ». La découverte de Dieu offre à certaines heures un bonheur si rare — bonheur d'enfance ou bonheur d'adulte : n'importe — que l'on n'imagine plus avoir désormais à faire avec le désespoir commun. On ne doute pas que le pouvoir de Dieu nous ait entièrement saisis et pris dans son règne.

J'ai découvert ce bonheur en même temps que je découvrai le Nom de Dieu. J'ai découvert aussi que ce bonheur n'était pas à l'abri du Mal qui semble voué à le détruire ; « Dieu est heureux », enseignait à mes enfants l'admirable jardinière qui accompagna leur enfance. La foi, c'est d'abord, semble-t-il, de partager ce bonheur. Saint Augustin l'a dit en des termes voisins, même s'ils sont plus élaborés. Le Dieu crucifié ne nous invite pas à partager son malheur, il partage au contraire le nôtre. Le malheur de l'homme. Mais Dieu est heureux.

Nous le sommes d'un bonheur sans mesure quand nous partageons ce bonheur. Je me souviens des premiers instants où j'ai découvert la prière, comme d'une bénédiction semblable à celle qui remplissait l'âme de saint François au milieu des oiseaux. Rien ne rend plus heureux que le Bien, que la vertu. Toutes les descriptions d'un autre bien que le seul Bien, les délices imaginés par Sade et ses émules ou ses prédécesseurs masquent de quels mélanges ces plaisirs sont accompagnés. Le bonheur, quand il est transparent, comme celui qui ne vient que de Dieu, est en revanche sans mélange. Aucun chant n'est plus beau que celui du Magnificat. Qu'est-ce qui vient donc menacer ou estomper un tel bonheur, sinon l'autre dieu, dont l'obsession vaut bien celle de Dieu ?

L'obsession du mal, l'obsession de Satan est comme l'envers de l'autre. Le jour où l'on découvre que le bonheur de croire et d'aimer Dieu n'est pas moins menacé que les autres, le regard sur la vie prend une acuité nouvelle. Au partenaire clair s'oppose le partenaire sombre, dont il est difficile de savoir jusqu'où s'étend son pouvoir sur nous et s'il est jamais possible de le conjurer par l'autre.

Dès l'enfance, j'ai su que le seul malheur des hommes, c'est de n'être pas des saints. C'est-à-dire de ne pas vivre du seul bonheur de Dieu. De chercher d'autres bonheurs que celui-là. Je me souviens des premiers désespoirs qui m'ont saisi à mesurer ce pouvoir de l'Autre. On s'habitue avec le temps, par exemple à la vilenie humaine. Mais on ne s'habitue jamais à l'impuissance apparente de Dieu devant le malheur. Je me souviens de la découverte de la nuit, comme de l'instant où ma vie est entrée dans le combat qui ne finirait qu'avec la mort. A la première épreuve, on garde encore quelques illusions : on s'imagine être assez fort pour résister à l'empire sombre. En fait, dès que l'épreuve se renouvelle, nous savons bien que nous n'aurons ni assez de force, ni assez de discernement pour n'être que transparence, qu'en nous, quelqu'un s'est comme emparé du pire de nous pour le conduire contre nous. « Je ne fais pas le bien que j'aime, je fais le mal que je hais. » Mais j'ai beau le haïr, je le fais.

Les êtres qui échappent à ce pouvoir malin sont si rares, qu'on hésite d'ailleurs à croire qu'ils y échappent. C'est à quoi consacrent leur action un certain nombre d'analystes irrités à l'idée que le règne de Satan pourrait n'être pas absolu, et qui cherchent obstinément à prouver que les héros et les saints sont soumis à la loi commune, c'est-à-dire misérables. Il semble que certains éprouvent comme une sorte de plaisir à découvrir par où Satan s'est rendu maître de ceux qui semblent quelquefois l'avoir vaincu. Les maîtres du soupçon, qui ont œuvré dans ce sens non seulement depuis un siècle, mais depuis toujours, ont fini par ne laisser personne intact. Tel qui est un mari et un père modèle, succombe à toutes les vilenies quand il s'agit d'argent. Tel autre, dont l'intelligence, la générosité, pourraient être sans faille, est dévoré par les passions sexuelles. Un autre encore, dont le détachement pour ce qui regarde l'avoir ou les choses du sexe, sont évidents, est cependant prisonnier d'un orgueil si monstrueux qu'il en perd toute faculté de communiquer avec autrui.

Et c'est, en effet, par là que l'on découvre le règne de l'Autre. L'argent, l'ambition, le sexe, sont les instruments de sa puissance, par lesquels il réduit en esclavage la totalité du genre humain. Il lui suffit de tirer avec quelque adresse sur ces ficelles pour que lui soient soumis les plus résistants. Au cours de cette rencontre mémorable entre le Christ et le Malin, ces trois propositions lui sont faites, comme si le diable pouvait en effet tenter Dieu lui-même et que celui-ci, ayant pénétré sur son territoire, fût nécessairement soumis à son empire. Le Christ doit passer par l'épreuve, et ce n'est qu'à la fin qu'Il peut lancer : « Il est écrit : tu n'adoreras que le Seigneur ton Dieu... » Car c'est bien l'adoration que lui demande le Prince de ce monde. Il lui demande de détourner sur lui ce qui n'est dû qu'à Dieu, répond le Christ.

Le dialogue entre les deux « dieux » est des plus révélateur quant à la manière qu'a Satan de régner. Tout ce qui touche de près ou de loin à la gloire humaine, à l'avoir, relève de lui, et c'est seulement en refusant de participer à l'un et à l'autre de ces règnes, que le Christ échappe au pouvoir de Satan. Où l'on voit bien qu'il n'y a pas d'accommodements entre l'un et l'autre. Quel que soit le terrain sur lequel on cède, Lucifer devient le maître. La violence avec laquelle Jésus repousse aussi l'apôtre Pierre — « Retire toi de moi, Satan, tes pensées ne sont pas de Dieu, mais des hommes » — montre à quel point les deux règnes sont hermétiques l'un à l'autre. Mais combien celui des hommes est davantage lié au second qu'au premier ! Et certes il est une heure où Jésus sera vaincu, où le mal paraît l'emporter sur lui aussi. « S'il est possible que ce calice s'éloigne », dit-il. Mais le calice ne s'éloigne pas. Comme Job, Jésus est tombé aux mains de Celui qui tue Dieu partout où il en voit l'image et la ressemblance, qui le traque en ce monde avec une persévérance irréductible. Dieu, même Dieu est vaincu : quand Pierre met la main à l'épée, le Christ lui rappelle qu'il pourrait faire appel aux légions d'anges, qu'il lui suffirait d'être Dieu pour que cesse la comédie. Mais qu'il s'en tienne à son identité humaine et il est vaincu. Sinon par le mal qui vient de lui comme il arrive au commun des hommes, du moins par le mal qui vient des autres. Sinon par le mal, au moins par le malheur. Le royaume de Dieu n'est pas de ce monde, mais le royaume de Satan, oui.

Je suis d'une terre qui a poussé à l'extrême cette rupture : les Albigeois ont même osé considérer l'enfantement comme une extension du règne de Satan. Alors semble dérisoire, soudain, le défi de Jésus, et de prétendre échapper à l'obsession de l'argent ou du sexe, ou de la volonté de puissance. Toute résistance est vouée à l'échec, et c'est l'impression que l'on éprouve souvent quand on voit l'innocence victime du mal. Alors le voile se déchire — on parle justement de déchirement — et l'on aperçoit ce que l'on ne voulait pas voir : que « la vie humaine est impossible » comme le disait Simone Weil. Impossible à l'innocence. Et « que le malheur seul le fait sentir ». A travers le malheur, c'est-à-dire le massacre des innocents, l'homme aperçoit d'emblée à quel règne affreux il est soumis.

D'ordinaire, il ne l'aperçoit pas. Le Prince de ce monde est appelé le Malin — mais non pas l'Intelligent —, et aussi le Père du Mensonge. Il parvient à faire croire aux hommes qu'il soumet par l'argent, l'orgueil, le sexe, que ce règne est heureux. Il parvient à donner l'illusion du bonheur, le temps de soumettre irrémédiablement à ses lois ceux qui cèdent à cette illusion. Mais alors ce n'est plus le bonheur qu'elles apportent. Il n'est pas nécessaire d'ouvrir les auteurs sacrés ni les moralistes rigoureux : la lecture de Molière suffit. Et celle de Racine, quand on préfère la tragédie.

Ainsi dit-on de la drogue qu'elle commence par offrir un enchantement paradisiaque. Mais les drogués de l'argent, du sexe, du pouvoir tiennent le même langage. Les tourments ne viennent qu'après la première ivresse, et révèlent alors l'empire de Satan avec une évidence absolue. Le Père du Mensonge ne peut mentir qu'un temps : le Prince de ce monde a bientôt fait de révéler à Faust de quel prix il faut payer de s'être soumis à lui.

Mais Faust était conscient, dira-t-on, au lieu que des millions d'êtres humains, plus innocents que lui, sont pourtant soumis aux mêmes lois tragiques. Des millions d'êtres humains portent jusqu'au suicide le désespoir d'être nés. Parce qu'il leur semble que le règne de Dieu ne saurait faire contrepoids au règne de Satan. Marie Noël : « Tout le bonheur que vous me donnerez au ciel ne me rendra pas celui que vous ne m'avez pas donné sur terre. » Il n'est pas d'exemple que ceux qui ont choisi le premier ne soient éprouvés au-delà des apparentes forces humaines. « Vous me couronnez, alors dites-moi en quoi j'ai failli. »

Le monde ne couronne pas les vertus, ou alors seulement lorsqu'elles sont assez compromises avec le mal pour être traitables par le monde. Est-il vrai que le dernier mot appartienne au mal, à la mort, à Satan ? « N'ayez pas peur : j'ai vaincu le monde. » Comme il est difficile de le croire, même si des millions d'hommes portent le nom de chrétien ! Ils ne sont pas souvent meilleurs que les autres. Ni pires, heureusement. Mais on ne voit pas qu'ils aient vaincu ce qui est en eux la part du monde. Tel se montre intransigeant avec le sexe qui s'autorise toutes les débauches avec l'argent. Et réciproquement. Quand on cherche où est la victoire du Christ, il faut certes ne pas s'abandonner aux apparences. « Mort, où est ta victoire ? », demande saint Paul à une mort qui apparemment n'a pas reculé devant le Christ. Non plus que la souffrance. Non plus que le désespoir. Christ, où est ta victoire ? Ta victoire sur Satan ? Où est la nôtre, si la nôtre est dans la tienne ?

Le grand découragement, la grande désespérance sont ceux des apôtres après l'arrestation de Jésus. Les pèlerins d'Emmaüs en donnent une idée. Ils avaient placé l'espoir d'un salut dans celui qui commandait aux démons. Parce qu'il est démon lui-même insinueront les esprits jaloux. A quoi il avait répondu que le royaume de Satan n'est pas divisé. Sur le chemin d'Emmaüs, la grande tristesse du monde qui croyait en Dieu et n'y croit plus, qui n'attend plus rien de Lui, est si prenante qu'elle a inspiré tous les artistes. Mais c'est alors que Dieu revient et sauve comme on ne s'y attendait pas.

La victoire de Jésus sur le désespoir humain, c'est-à-dire sur celui qui désespère l'homme, commence avec la parole qu'il adresse à ce désespoir. Pourquoi n'avez-vous pas compris qu'il fallait que fût accompli ce qui était écrit ? Il fallait que Dieu meure ; aller jusqu'au bout d'une histoire qui ne pouvait s'achever sur le triomphe des Rameaux. Ce n'est pas quand Jérusalem l'acclame que Jésus triomphe de Satan. Ce moment est au contraire celui du quiproquo extrême. Un espoir trop facile imagine qu'il va vaincre le monde d'une victoire politique, qu'il va restaurer l'indépendance d'Israël comme un chef de bande. Satan entretient ces faux espoirs pour mieux les décevoir : il met la confusion dans l'espérance humaine, après quoi, il prête à Dieu sa propre impuissance à satisfaire la soif humaine.

« D'où vient, demandent les pèlerins d'Emmaüs, que notre cœur était transporté ? » La parole de Jésus va chercher l'homme au plus bas, quand il n'attend plus rien du royaume de ce monde, non pour l'encourager à remettre son espoir dans l'argent, le sexe, l'ambition. Il ne restaure pas les rêves brisés. S'il avait libéré Israël de l'emprise romaine, les esprits aveugles auraient vu dans cette victoire celle de Dieu. Or, il va jusqu'à annoncer pire encore que l'occupation : la destruction du Temple. Vaincre le monde et le Prince de ce monde est la victoire que Lui seul pouvait remporter. Une victoire pour chaque homme dans sa nuit, et la nuit du Mal. « J'ai versé pour toi telle goutte de mon sang », lui fait dire Pascal. Et l'Évangile : « La plus grande preuve d'amour est de donner sa vie pour ceux qu'on aime. »

Le Christ est d'abord une parole d'amour dans le concert des paroles sans amour dont Satan remplit son règne. Jean Rostand me disait un jour : « Le mal ne m'étonne pas », comme s'il avait reconnu qu'en effet le Prince de ce monde était le Prince du Mal. Et il ajoutait : « Ce qui m'étonne, ce sont ces petits miracles de bonté qui me feraient croire que tout n'est pas moléculaire[1]. » Le contrepoids que Dieu apporte dans le monde de la pesanteur n'est pas de l'ordre de la pesanteur. Il n'aligne pas ses légions d'anges contre d'autres légions. Il brise l'épée qui établit un règne qui n'est pas le sien, et, mystérieusement, dans ce règne même, il pose la contradiction définitive qui l'empêche de se clore à jamais en enfer. Il brise l'épée. Le monde est le règne de Satan, mais il n'est pas l'enfer. Le père Maximilien Kolbe qui meurt dans

1. CHABANIS Ch., *Dieu ? Non*, *op. cit.*, p. 47.

l'horreur d'Auschwitz, meurt en chantant. Ce qui fait échec au mal du monde n'a aucune commune mesure avec le monde. Dieu ne s'oppose pas à Satan comme un Dieu à un dieu rival, et toutes les théologies de revanche sur le mal s'apparentent de quelque manière à ce mal. Dieu est d'un autre ordre. Il rappelle justement : « Sans moi, vous ne pouvez rien faire. » Ce que vous faites n'est rien. « Vous êtes des serviteurs inutiles. » Il confirme notre impuissance totale, nous invite, non pas à l'abandon devant les forces obscures, l'abandon au mal, mais à l'abandon à Lui. L'abandon radical à cet ordre d'une autre nature, le surnaturel, qu'il a fait entrer dans l'inexorable mécanique humaine.

« Je me livre en aveugle au destin qui m'entraîne », dit une héroïne racinienne, abandonnée à la fatalité maléfique. La tragédie grecque illustre cette histoire qui s'écrit en quelque sorte sans nous, et les dieux grecs qui président à cette démission appartiennent en effet à un panthéon où les dieux mauvais et les dieux bons sont en rivalité, à l'image de ce que l'on voit parmi les hommes. Jésus n'entre pas dans un tel débat, où il est vaincu d'avance, à moins de miracles auxquels il répugne. Il ne guérit les malades, et ne ressuscite les morts qu'à sa divinité défendante, parce qu'il faudrait en effet de perpétuels miracles pour que Dieu soit vainqueur dans le royaume qui n'est pas le sien. Et il n'entre pas dans ce jeu.

L'homme, chrétien ou pas, continue de mourir, de souffrir. Dieu ne supprime ni la souffrance, ni la mort, ni le mal, ce qui serait en effet réduire à jamais le règne de Satan. Il s'y soumet au contraire lui-même : Il souffre, Il meurt. C'est uniquement parce que Dieu lui-même souffre et meurt, que la souffrance et la mort ne sont plus le signe de la victoire de Satan sur l'homme, mais de Dieu sur Satan. Il n'introduit dans l'histoire humaine rien de radicalement autre, hormis qu'Il y entre lui-même. Il n'interrompt pas le cours maléfique que Satan a donné à l'histoire, et même, parce qu'il est impossible d'éviter ce calice, Il boit la coupe jusqu'à la lie. Et Il osera ajouter les Béatitudes à l'intention des innocents qui sont victimes comme lui du règne du mal. Les Béatitudes sont le chant de toutes les victimes du monde visitées par l'amour de Dieu.

Certes, nous voudrions une autre victoire : indiscutable et éclatante. Nous voudrions que Dieu fasse de nous des dieux capables de vaincre le monde autrement que par les armes du détachement et de l'abandon. C'est d'ailleurs la promesse que Lucifer a faite et qu'il n'a pas tenue pour réduire l'homme à sa merci : « Vous serez comme des dieux... » Le rêve de Satan est aussi d'être Dieu, mais il ne l'est pas ; le rêve qu'il entretient dans l'homme, c'est le sien. Mais tandis que Dieu abandonne Satan à lui-même, Il n'abandonne pas l'homme. L'homme devient l'obsession de Dieu jusqu'à lui offrir un salut. Jusqu'à transformer l'instrument de sa perte en instrument de salut. C'est en ce sens que Paul va jusqu'à dire : « Bienheureuse faute qui nous a valu un si grand Rédempteur. » Il va jusqu'à se féliciter du mal et du malheur à propos desquels se révèle le mystère de l'amour. S'Il propose de vaincre le monde, ce n'est pas, en effet, de la victoire qu'on attendait. Et il faut entrer un jour soi-même dans cette déréliction du vendredi saint, pour savoir où finit à jamais le règne de Satan. Où l'homme est rendu à son identité originelle et éternelle.

7
La mort de Dieu

La suppression de la peine de mort est un thème à la mode, les bonnes âmes trouvant en lui prétexte à se refaire une conscience à peu de frais. Dieu seul est excepté de l'amnistie universelle : l'autre thème à la mode est celui de la mort de Dieu. Ne tuer plus personne, hormis Dieu, constitue l'une des données de base du dialogue contemporain, je devrais dire : constituait, car les principes d'hier ne sont plus ce qu'ils étaient, et les audaces intellectuelles qui vous ouvraient les portes du temple il y a vingt ans ont pris un coup de vieux, comme leurs auteurs.

Il reste que la mort de Dieu est entrée dans le vocabulaire courant, ce qui est le signe de la consécration. Le tribunal de la conscience du siècle a tranché : Dieu est mort. Comment se débarrasser autrement, définitivement, absolument, d'un personnage si encombrant ? Appliquons la peine de mort au Vivant, partageons-nous sa dépouille, c'est-à-dire les attributs divins qu'il était convenu de lui accorder. Il est, en effet, entendu que la mort de Dieu doit faire de nous des dieux, qu'il usurpait sur nous la divinité et qu'il suffit de la lui reprendre pour entrer dans la condition dont il nous privait. De la mort de Dieu dépend que l'homme soit un dieu : Nietzsche l'a exprimé dans des raccourcis saisissants, et son surhomme relève le défi avec une poésie inoubliable. De toutes les peines de mort appliquées à Dieu, la sienne est la plus puissamment conçue. Elle consiste d'abord à traquer toutes les pistes du divin dans l'homme, c'est-à-dire toutes les attitudes de pensée qui débouchent sur une idée plus ou moins pure de Dieu, et qui ne doivent plus jamais déboucher que sur l'homme lui-même. S'il est une transcendance, elle est dans l'homme. « L'homme est quelque chose qui doit être dépassé », mais par l'homme lui-même, par une conquête de l'homme sur lui-même. Et sur la dépouille de Dieu.

Plus faiblement, dans *Le Culte de moi*, Maurice Barrès appliquait aussi à sa personne les trésors liturgiques, que la religion réservait à Dieu. Il gardait le culte, comme une admirable mise en scène de l'existence, mais il faisait disparaître Celui pour lequel le culte était conçu. Ou plutôt, il se substituait à Lui. La mort de Dieu consacrant la naissance de l'homme à une existence divine qu'il ne devrait plus qu'à lui-même. Aragon, disciple de Barrès, étendra le culte du moi au culte d'Elsa en écrivant un *Cantique à Elsa*, mais ce n'est que reprendre en d'autres termes la même opération de substitution : on estime d'autant mieux avoir supprimé Dieu qu'on a trouvé à le remplacer. Mais Aragon était aussi communiste. Le marxisme, qui est une de ces Églises chrétiennes dévoyées comme il en naît à chaque siècle, depuis 2000 ans, contre l'Église originelle, l'invitait à une autre substitution. Dieu est mort, l'Église non. Du moins l'Église telle que Maurras, paradoxalement, la concevait aussi, institution chargée d'assurer la cohésion sociale en la sacralisant. Le marxisme condamne Dieu à mort, tout en gardant l'impératif d'une solidarité humaine, mais sélective. Au « aimez-vous les uns les autres », qui n'excluait personne de l'amour, l'étendant jusqu'à l'amour des ennemis, il substitue le « unissez-vous les uns contre les autres », classe contre classe, prolétaires contre patrons, et entretenez jusqu'à la fin des temps une lutte sans merci. L'hérésie marxiste traduit le « soyez un, comme Mon Père et moi nous sommes Un », en « soyez unis et soyez contre », « soyez contre pour être unis ». Elle a retenu du message chrétien ce qu'elle a pu dès lors qu'elle avait décidé d'en exclure le Christ : l'idée messianique d'une Jérusalem terrestre où l'humanité ayant exorcisé tous ses démons avec quelques recettes politiques, n'aurait plus qu'à jouir d'elle-même.

Il n'est, depuis un siècle, aucune entreprise qui n'ait fait reposer sur la mort de Dieu le succès de ses projets, qui n'y ait vu la condition de tout accomplissement humain. Dans son livre admirable, qui explique si bien l'aveuglement du jour, *La Révolte des masses*, Ortega Y Gasset trace un portrait de celui qu'il appelle « le señorito satisfait », le jeune homme satisfait, c'est-à-dire notre contemporain. Satisfait de lui, bien sûr.

Satisfait, voire émerveillé, de ce qui sort de lui comme s'il était l'origine de tout bien. Ce nouveau cas de figure du « jeune homme riche » de l'Évangile, un instant séduit par le Christ, mais qui se préfère au Christ parce qu'il a « de grands biens », n'est pas si nouveau qu'on ne lui connaisse quelque antécédent : il se distingue seulement par une technique plus savante, qui le diffuse aussitôt que pensé, aux quatre coins de l'univers.

« Dieu est mort » est une déclaration que Jean-Paul Sartre prononce devant un micro, et un micro confère à l'acte de penser comme à l'acte de parler une vertu particulière. Qu'on y ajoute une caméra, et le « señorito satisfait » ne se sent plus. L'ambition de tous est de parler « à la télévision » comme si quelqu'un écoutait encore quelque part la voix de quiconque. Mais le señorito satisfait n'a besoin que de briller pour d'autres señoritos satisfaits. Personne n'écoute personne, mais tout le monde parle. Babel a atteint son apogée. Cette parole a donc prononcé que Dieu devra se taire pour laisser parler les hommes, que l'homme n'a que faire d'un Verbe éternel là où le droit à la parole est reconnu à tous. A tous, hormis à Celui dont la parole « est aussi un aliment », dont la parole n'est pas seulement parole mais source de la vie. Si Dieu est mort, son Verbe aussi est mort, et les plus habilités à user encore de ce Verbe ne sont pas ceux qui vivent encore de Lui mais qui en débattent en prenant supérieurement leur distance avec Lui. Dieu est mort et il est bienséant de parler de son Verbe comme d'un Verbe mort, rangé dans le musée du señorito satisfait au placard des accessoires touristiques, artistiques, politiques, etc., mais non pas au lieu où l'on attend qu'une Parole nous délivre enfin de la parole.

Par une coïncidence qui n'est pas un hasard, l'amour est d'ailleurs pris au même piège. Un « je t'aime », prononcé du fond de l'être, délivre de tous les discours sur l'amour, et l'inflation à ce sujet est assez révélatrice d'un autre silence, parallèle à celui de Dieu. Claude Lévi-Strauss et le structuralisme semblent interdire au Verbe toute possibilité de se faire entendre à l'homme. La mort de toute parole d'homme est une autre manière de signifier la mort de toute parole divine, la mort de Dieu. Jean-Paul Sartre intitulait déjà *Les Mots* l'histoire de son existence. « Au commencement était le Verbe » ; à la fin, il nous reste ces mots auxquels personne ne croit plus, qui ne veulent plus rien dire, ces mots pour rien dans un homme pour rien. Dieu est mort, mais tout est mort, suivant une logique inattendue pour ceux qui annonçaient au contraire que de sa mort dépendait l'avènement de l'homme. C'est-à-dire de sa liberté, de son bonheur, de sa conscience totale. Le seul vainqueur indiscutable dans la mort de Dieu, c'est la mort. Personne qu'elle ne jouit de ce triomphe. Elle, c'est-à-dire rien. Dans la mort de Dieu, telle que l'annoncent les prophètes modernes, la mort a le dernier mot. Celle de Dieu et celle de l'homme, et celle de la femme et celle de l'enfant, celle de la société et du monde...

Oui, Dieu est mort. La vérité que l'Évangile énonce concrètement et simplement — le récit des dernières heures de Jésus est d'un réalisme cruel dans sa sobriété — est si incontournable que depuis deux mille ans, on a tenté, soit d'en atténuer la portée, soit d'en travestir le sens. Il faut donner au « Dieu est mort », mille autres interprétations que celle que lui donne l'Évangile, comme il faut donner au « Dieu existe » mille intepprétations qui affirment en réalité le contraire.

Parce qu'en effet, si le salut humain commence à cette mort de Dieu, il suffit de la nier pour désespérer les hommes d'être jamais sauvés. A l'heure de la Passion, on niait déjà que ce fût Dieu qu'on tuait. L'affirmation de Jésus devant le Sanhédrin : « Tu l'as dit : je le suis », est relevée comme imposture. Celui qu'on crucifie n'est Dieu que pour sa mère qui garde dans son cœur les paroles de l'Annonciation, pour deux ou trois autres femmes sans aucune importance, pour Jean. Simone Weil, dans ses derniers textes, souligne que bien peu osent se souvenir du Christ comme d'un condamné de droit commun. Et ceux-là reçoivent la mort de Dieu dans tout son mystère comme une infamie, comme une nécessité, comme un mélange d'horreur et de sublime, qui fait penser à l'énormité du geste qui avait déjà été demandé à Abraham : mettre à mort son fils unique, en holocauste à Dieu. Et si un ange intervient au moment où il allait accomplir le geste fatal, il reste qu'Abraham s'est rendu à l'intimation incompréhensible. Inexplicable même pour un théologien chevronné, sinon comme un renvoi à cet autre mystère où c'est son propre fils que Dieu sacrifie. Et, cette fois, aucun ange n'intervient. Folie, scandale, dira saint Paul. Il le dit encore aujourd'hui. Six siècles après l'événement, Mahomet tentera autrement de nier que cette mort fut celle de Dieu. Il n'accepte même pas qu'elle soit celle du prophète Jésus. Effaré devant le mystère insondable que cette mort représente, lui qui choisit des modes de vie moins exposés, il reconstitue l'Évangile après coup et décide qu'un sosie a été substitué au Christ, comme un agneau l'avait été au fils d'Abraham ; que Dieu ni Jésus ne sont morts et que Dieu est resté bien tranquille dans son paradis, dans sa transcendance, laissant à des prophètes le soin de travailler pour lui. Parce qu'il est impossible de donner la plénitude de leur sens aux mots « Dieu est mort », ou bien il faut leur donner un autre sens que celui qu'ils ont historiquement et surnaturellement, ou bien il faut en faire une « douce rigolade ». C'est déjà la réaction d'un des proches de Jésus, Thomas, qui jette rageusement : « Si je ne mets ma main dans la plaie de son côté et mon doigt dans celle de ses mains, je ne croirai pas. » Et Jésus de répondre quelques instants plus tard à cette incrédulité : « Mets ta main dans mon côté... » Il sait déjà que nier sa mort, c'est nier sa résurrection, c'est-à-dire que la mort est vaincue du plus loin que toutes les morts humaines. Nier que Dieu soit mort en Jésus Christ, ou donner de cette mort une interprétation qui n'est pas celle que Jésus lui-même en donne, c'est passer à côté de la révélation incontournable contenue dans cette mort. Et inépuisable. Le lien que Dieu a établi par là avec les hommes est d'une nature inconnue de l'homme, et propre au seul inconnu de Dieu. Tant qu'Il n'envoyait que des messagers, des témoins, des prophètes, qu'Il ne se « mouillait pas », si j'ose dire, sinon par des intermédiaires, dans l'histoire et la condition humaine, tous ces ponts s'arrêtaient quelque part entre Dieu et nous, nous laissant le bec dans l'eau. Ou s'Il eût franchi la distance infranchissable entre Lui et nous en n'assumant point la part impossible de notre destinée, telle que la mort nous la jette en plein visage — si incarné qu'Il eût été alors dans une belle figure légendaire — Il n'aurait pas touché au cœur de ce qui était perdu et qu'il fallait sauver. Il ne pouvait parler à notre mort que de sa propre mort, à notre souffrance que de sa propre souffrance, à notre désespoir que de son propre désespoir. Non pas d'un désespoir d'emprunt ni d'un semblant de mort. L'homme aurait toujours eu quelque chose à apprendre à Dieu si Dieu n'était pas mort. Il aurait pu opposer à toutes les promesses d'éternité, à tous les paradis possibles, cette mort humaine qui restera jusqu'à la fin une tragédie, à moins d'être visitée par Celui qui l'a vaincue. Qui l'a vaincue en l'assumant dans un désespoir tout humain, et une espérance inédite dans le cours de l'histoire.

Dieu est mort comme Dieu seul pouvait mourir, parce qu'il est Dieu. Une mort si proche de la nôtre que nous la reconnaissons comme une des nôtres. Et je n'accepte pour ma part d'entendre Dieu que parce qu'il est mort. L'histoire humaine est un tel cycle d'horreurs que je ne l'accepterais pas si Dieu n'avait vécu au cœur de cette horreur. Nous y rencontrons « l'holocauste » de la Shoah, et des milliers d'autres dont certains sont même oubliés parce qu'il n'est resté aucun survivant pour en témoigner. L'histoire de tous les peuples est un holocauste ininterrompu où celui qui écrasait la veille le lendemain est écrasé. Simone Weil, saisie par le spectacle d'une histoire aussi sombre et accablante, en est morte de douleur. Mais contemplant au-dessus de ce champ sinistre, dans un mouvement intérieur d'adoration, la croix du Christ, elle osait dire : « Chaque fois que je regarde la Passion du Christ, je commets le péché d'envie. » Parce qu'il est vrai que notre pitié pour la foule, notre attendrissement devant la détresse humaine, notre sympathie pour l'esclave, notre idéologie fraternelle la plus active et même la plus activiste, ne sont d'aucun effet salvifique tant que Dieu lui-même n'est plus cloué sur ce malheur pour en mourir à son tour.

La mort de Dieu est la clef de notre histoire, et c'est

pourquoi ce siècle, qui croit se jouer de Dieu, a tenté de se jouer de cette mort, de lui donner un autre sens que celui qu'elle a. Je n'ai jamais été plus frappé par le discours de Jean-Paul II que lorsqu'il osait dire aux Polonais : « Vous êtes sur la croix, vous êtes la croix, votre honneur et votre délivrance. Pas plus que le Christ n'a délivré les siens du jury romain, je ne viens vous délivrer du joug étranger. Je ne vous annonce que le salut qui commence sur la croix, reconnue et exaltée. » Et la réponse silencieuse est montée vers lui : des milliers de bras se sont tendus, tenant dans leurs poings serrés par le désespoir, la petite croix de bois qui résume soudain toutes les douleurs et toutes les espérances.

« Dieu est mort » : ce fut durant quelques décennies, l'annonce nécrologique par laquelle on croyait non seulement évincer Dieu, mais la mort de Dieu, ce lieu où Dieu est entré si radicalement dans l'histoire humaine, qu'on ne peut plus l'en évincer qu'en évinçant l'histoire elle-même. « Dieu est mort » et ne ressuscitera plus de cette mort que nous allons lui infliger une fois pour toutes, une mort savante, une mort pensée, telle que les intellectuels qui se croient en mesure de trancher sur tout ont décidé de la lui imposer. Mais sans doute avaient-ils oublié les mots mêmes du Christ : « Ma vie, nul ne la prend, mais c'est moi qui la donne. » Dieu est mort, non parce que des hommes en ont ainsi décidé, mais parce qu'il a livré ce qu'aucun homme n'aurait jamais pu lui ôter. « Dieu est mort », selon un choix qui est le sien, afin de donner de son amour la preuve la plus extrême qu'Il puisse donner.

Dieu est mort mais de quelle mort ? Non pas celle qu'ont prétendu lui imposer quelques livres à la mode, qui, durant un temps, ont obtenu par là quelque succès. Jean Rostand me faisait remarquer avec humour « qu'on n'avait jamais autant parlé de Dieu que depuis qu'Il était mort[1] ». Autant, c'est beaucoup dire, mais il est vrai que ceux qui, faute de parler du Dieu vivant, se sont mis à écrire du Dieu disparu, des religions défuntes, en ont rempli des volumes. Mais de quelle mort, de quels dieux pourraient-ils parler, qui ait encore un sens pour les hommes qui liront leurs pages dans vingt siècles, ou seulement dans le prochain siècle ? Le seul livre qui raconte la seule mort de Dieu qui mérite ce nom est celui que les chrétiens relisent aux jours recueillis de la Semaine Sainte. Quatre évangiles concordants et complémentaires dans leurs différences, quatre récits, sobres et définitifs, qui ne tournent pas à l'avantage de ceux qui les ont écrits, mais dénoncent au contraire leur propre aveuglement participant de l'aveuglement universel. Nul autre écrit au monde ne parlera jamais de la mort de Dieu comme ces pages dans lesquelles il est impossible de pénétrer sans comprendre que si elles sont vraies, la face du monde en est changée. Or, elles sont vraies, si vraies qu'après elles tout autre récit de la mort de Dieu n'est plus que fable ou mensonge, à moins qu'il ne s'alimente à leur source inépuisable.

Les astrophysiciens et les physiciens tentent de nous restituer les premiers instants de la Création du monde, et les biologistes, celle de la vie et de l'homme. A la vérité, le récit de la Passion est celui de la Création tout entière recommencée. Le monde échappe au Prince de ce monde, et il est rendu à Celui qui en est l'origine et la fin. « Le ciel et la terre passeront, mes

1. CHABANIS Ch., *Dieu? Non*, *op. cit.*, p. 54.

paroles ne passeront pas. » Celui qui va mourir est l'Éternel. Et si j'ai oublié quel jour, de quelle bouche, j'ai entendu pour la première fois le Nom de Dieu, je n'ai pas oublié le jour où, dans une église pleine et attentive, j'écoutais pour la première fois cette histoire inouïe. On ne peut que renvoyer à ces pages : aucun commentaire, aucun chemin de croix n'ayant la puissance qu'elles ont de rendre éternellement présent ce qui ne fut qu'une fois mais pour l'éternité.

Pour avoir consenti un jour, entraîné par l'exemple de Pierre Cochereau qui en composait la partie musicale, à écrire un commentaire de ces heures sans commentaire, j'ai su soudain ce qu'il en coûte de faire de la littérature avec ce qui ne relève pas d'elle. La même semaine où je rédigeais ces pages que Jean Topart allait lire si profondément, Marie, notre fille si petite encore entrait à l'hôpital sans qu'on puisse répondre si elle en sortirait vivante. Dieu sait que je n'avais pas demandé à écrire un chemin de croix, tant l'Évangile se suffit à lui-même. Pas plus que je n'aurais souhaité vivre les heures qui l'accompagnèrent, où l'on ne sut qu'au bout du compte que notre fille nous serait rendue. Une semaine durant, au sens littéral des mots, nous n'avons pas, ma femme ni moi, fermé l'œil une nuit. Et, chaque jour, je revenais à ces textes qui se tiennent au bout du monde, depuis le Jardin des Oliviers, où le Christ déjà abandonné des siens, qui dorment, sue sang et eau, jusqu'à cette heure de la croix où ses pieds, ses mains n'ont de compagnon que le clou qui les traverse et les paralyse, comme l'était la petite fille qu'on emportait sur un chariot, momie vivante, pour un scanner. L'Enfant de Dieu, le Fils, donne sa vie, et nul ne la lui prend qu'Il ne consente d'abord à la donner. Mais, dès l'instant où Il se livre, quelle ruée. Tout y passe, de la trahison des proches par un baiser, à la condamnation des pouvoirs civils et cléricaux, au nom des principes les plus sacrés de la loi et de Dieu même. Rien ne lui est épargné de ce qui fait que l'on quittera la vie sans regret, et qui pousse même certains à la quitter avant l'heure. Il faut lire l'histoire jusqu'au bout et mot à mot : le Calvaire ne s'invente pas. Et quand on arrive au bout, on reconnaît bien à ce silence de notre âme, que l'on a franchi la limite au-delà de laquelle il n'appartient plus qu'à Dieu de rouvrir l'histoire du monde. Je me souviens qu'à l'instant où notre fille luttait contre la mort, la famille réunie pour une prière suppliante, j'osais demander : « Seigneur, rends-lui la vie », et que l'un de mes fils — il avait alors huit ans — me reprit : « On ne prie pas ainsi, papa. On dit seulement à Dieu "que ta volonté soit faite". » Nous nous sommes regardés en silence avec mon épouse, et j'ai senti un acquiescement dans son regard anéanti. Alors j'ai répondu à l'enfant : « Tu as raison, et c'est ce que nous allons dire : Seigneur, que ta volonté soit faite. » Et en répétant ces mots, nous sentions tout à coup que nous avions tout donné. Sans oser formuler ce que nous venions de donner. Ensuite nous n'avons plus rien dit ni demandé : notre prière n'était plus que notre attente. Lorsque Marie est revenue parmi nous, comme ressuscitée, nous savions que nous ne confondrions plus jamais la vie avec ce qui en tient lieu tant que l'on n'a pas suivi le Christ jusqu'au Calvaire. Et soudain l'aube de Pâques nous a paru ce qu'elle est : l'instant où Dieu, ayant accompli tout ce pourquoi il était venu en ce monde, pouvait enfin offrir aux hommes la certitude que la mort n'aurait pas le dernier mot, ni de Lui, ni de nous.

8

Le Vivant

« Pourquoi cherchez-vous le Vivant parmi les morts[1] ? » La question ne s'adresse pas seulement aux femmes qui, s'étant rendues au tombeau de Jésus, le trouvèrent vide. Si elle est rapportée par Luc, c'est afin que nous l'entendions aussi, quand nous croyons toucher au crépuscule de l'histoire et des dieux, et ne plus avoir à traiter de ceux-ci qu'entourés de linceuls. La question s'adresse à ceux qui, se croyant les survivants de Dieu, entourent d'analyses son tombeau, comme ils avaient entouré de bandelettes son corps,

1. Luc 24,5.

alors que le tombeau est vide et que Dieu est ailleurs.

De très courtes années séparent le siècle de la mort de Dieu, le nôtre, le XXe siècle, de celui qui point à l'horizon comme un siècle inédit qui balaiera le nôtre, ainsi que le nôtre a balayé les précédents avant de découvrir à son tour ses limites. Et ce siècle neuf, le XXIe siècle, se détournant des tombeaux vides, en appellera à nouveau à Celui qu'on disait mort mais — durant qu'on tenait des discours à son propos — est revenu à jamais de toute mort, témoigner de la Vie qui brave les siècles des siècles, parce qu'elle est éternelle.

C'est à une étrangère, une simple femme rencontrée au bord d'un puits, qu'il en a livré le secret. Comme elle s'étonne, tandis qu'elle puise de l'eau, qu'il lui demande à boire, lui, Juif, à elle, une Samaritaine, il entre avec elle dans un dialogue que l'on ne relit jamais sans entrevoir qu'il est une autre face aux choses que l'on voit en ce monde. « Si tu savais, lui dit-il, qui est celui qui te demande à boire... » Soudain il va parler en Dieu. « Si tu savais... c'est toi qui demanderais. » Et comme la femme, prise encore aux choses du temps et de son puits, voit bien qu'il n'a pas d'eau à lui offrir, ni même le moyen d'en puiser au même puits, elle se moque de sa prétention. Comme le font ceux qui le croient mort quand il est cloué sur la croix. « Lui qui prétendait reconstruire le temple en trois jours ! » Mais lui de la reprendre, et sans relever l'ironie : « Celui qui boit de l'eau que je lui offre, l'eau vive, celui-là n'aura plus jamais soif, il ne meurt plus. » La femme prendra encore une fois au pied de la lettre les propos de Jésus : une eau de jouvence, qui délivre de la mort ? On croirait entendre notre siècle, sûr de soi, de ses bases scientifiques et sceptiques, se gausser du maître souverain de la vie et de la mort. Sérions les questions, dit la femme : d'abord si vous avez une eau miraculeuse, que j'en sois la première bénéficiaire ; nous sommes au siècle des loisirs, que votre eau me délivre au moins de revenir tous les jours ici chargée de seaux. S'il est une eau qui désaltère à jamais, voilà une excellente affaire en perspective. Merveilleux dialogue, où Dieu accepte d'écouter les aveuglements humains se saisir de ses dons pour les traduire en intérêts immédiats. Et on le voit reprendre doucement la femme, comme il n'a peut être fait avec personne, afin de l'amener à ouvrir les yeux et les oreilles sur l'autre face de la réalité. Et quand tout à coup elle y parvient, on la voit plonger dans un abîme, au pied de cet homme singulier qui lit dans les consciences et détient peut-être les clefs d'un autre monde en ce monde même. Elle court annoncer au village qu'elle a vu un Prophète, qu'elle a vu Quelqu'un qui ne parle pas comme les autres parlent, tandis qu'il paraît utiliser les mêmes mots d'un quotidien prisonnier du quotidien, mais un homme qui lui a offert une eau éternelle, un homme-puits qui propose la vie éternelle à celle qui ne croyait lui demander que la vie.

« Je ne donne pas comme le monde donne », dit-il ailleurs. Il ne fait rien comme le monde fait, même s'il assiste aux mariages et aux enterrements, s'il rabote les charpentes avec Joseph et s'il se rend au temple avec sa famille. Même là, lorsqu'il n'a que douze ans, il enseigne aux docteurs de la Loi parce qu'il est déjà « aux affaires de son Père ». A la Samaritaine, comme à ses parents, il rappelle que l'on n'enferme pas le Vivant dans les pièges de l'existence : ni les temples, ni les tombeaux, si respectables fussent-ils, et ni l'eau des puits ou les pièges dialectiques pharisiens. Rends à César ce qui est à César, soit. Mais à Dieu ce qui est à Dieu. La Vie invincible qui est en lui et que la descente au tombeau n'a pas altérée mais au contraire affirmée, c'est celle qui le lie au Père depuis toute éternité et pour l'éternité. La Vie sans quoi le mot vie n'a pas de sens. Et les biologistes le savent bien qu'il n'a pas de sens, eux qui commencent à comprendre qu'ils ne savent pas de quoi ils parlent lorsqu'ils parlent du vivant[2]. Lui le sait : « Je suis la Vie », dit-il. Voici la définition, ou plutôt, l'infinition qui les embrasse toutes. Je suis, et la Vie se confond avec Celui que je suis. Dieu n'est pas mort, parce que la Vie n'est morte que durant ces jours mystérieux où c'est elle qui s'est offerte à la mort, et non pas la mort qui l'a prise. La mort a vu la victoire à jamais lui échapper parce que le Vivant n'est descendu au tombeau que pour lui prouver à jamais qu'il est le maître des tombeaux. Il avait déjà ressuscité quelques morts, bien qu'il n'aimât pas se livrer à ce genre d'exploits, mais parce que son amour était si ému devant la prière humaine, qu'il n'a jamais su lui résister. Mais ce n'est pas quelques résurrections qu'il était venu accomplir, de quelques privilégiés qui se trouvaient par chance sur sa route. Il ne venait pas prolonger de quelques années l'existence de quelques-uns, une jeune fille morte trop tôt, un ami, pendant qu'il s'occupait d'autre chose. Non, s'il s'en prend à la mort de front, c'est radicalement, éternellement, pour tous ceux qui meurent et mourront à travers les âges en croyant mourir ignorés de Lui. Son amour ne résiste jamais à la détresse humaine où qu'il la voit, comme si tout à coup une faiblesse le saisissait et qu'il

2. CHABANIS Ch., *Dieu ? Oui*, *op. cit.*, p. 119.

se laissât attendrir au point d'obéir à qui lui commande en appelant à sa miséricorde. Sa mère à Cana ; Marthe, quand son frère sent déjà : « Si vous aviez été là, mon frère ne serait pas mort... » Il ne sait pas résister à la misère de Jérusalem et il pleure sur les jours qui vont lui échoir. Mais ce qu'il est venu sauver, ce n'est ni Jérusalem ni Lazare ni la fille de Jaïre : il est venu sauver le monde qui était perdu. Il est venu sauver Pascal au XVIIe siècle — « J'ai versé telle goutte de mon sang pour toi » —, et même les jésuites, n'en déplaise à Pascal. Il est venu tenir à notre propre mort, à la mort de nos amis, à toutes ces morts qui nous touchent et qui font bientôt que « l'on compte, comme le disait Hugo, tant d'étoiles éteintes dans le ciel », il est venu tenir à toute mort une Parole qui les fait taire. Celle qu'il a tenue à sa propre mort. Parce que « Dieu est mort » bien au-delà de tout ce que pouvaient imaginer les philosophies provisoires, Dieu est vivant au cœur de l'homme bien au-delà de ce que pouvait imaginer la Samaritaine. Non pour la délivrer de porter des seaux, mais pour lui ouvrir soudain les yeux sur sa véritable histoire jusque-là insoupçonnée d'elle.

« Celui qui veut sauver sa vie la perdra », dit-il, mais « celui qui perdra sa vie à cause de moi, la sauvera ». Toujours ces jeux de mots sur le mot vie, toujours cette invitation à chercher la vie au-delà du premier élan dans lequel on se jetait pour la trouver. Quand les gens qui font la mode nous disent que Dieu est mort — et ils ont lancé celle-là comme on en lance une autre —, il ne fut pas un instant question avec eux de ce Vivant qui sait de la mort ce qu'ils en ignorent, et de la vie ce que nul homme n'a jamais su. Aussi leur ignorance nous renvoie-t-elle à Jésus avec la parole que Pierre lui adressait déjà : « A qui irons-nous, Seigneur ? Toi seul a les paroles de la vie éternelle. »

A qui irions-nous, quand toutes les autres paroles de vie qui ont séduit un moment le siècle, deviennent soudain paroles de mort ? A qui irions-nous demander, sinon à Toi, ce que tu as voulu dire quand tu disais : « Je suis la Vie. » ? Ma vie ne serait donc pas une vie jusqu'à ce que tu sois vivant en moi ? « Ce n'est plus moi qui vit », disait saint Paul, ton persécuteur, du jour où la lumière l'a terrassé sur la route de Damas. « Ce n'est plus moi qui vit, mais Lui qui vit en moi. » « Si tu savais le don de Dieu », disait-t-il à la Samaritaine. Saint Paul, qui en sait quelque chose, ne brûle plus que de partager son secret avec tous ceux que les choses du temps aveuglent. Un secret qui est celui même de Dieu livré à l'homme avec un abandon qui défie la prudence commune. L'abandon même de l'amour qui ne donne pas à moitié, mais tout. L'amour qui donne sa vie pour donner la vie.

Il m'arrive quelquefois de me demander, à propos de qui je rencontre — comme je me le demande à propos de moi-même : « Est-il vivant, ou est-il mort ? » Je veux dire : la vie qu'il mène est-elle la vie ou le semblant d'une vie ? Les hasards de l'existence ont fait que j'ai lié des amitiés avec des souverains, des hommes d'État, comme avec ce garde-champêtre que je croise presque tous les jours sur mon chemin d'écriture, et c'est bien la même question qui revient à propos de chacun : de quelle vie est-il vivant, qui tient aux circonstances, aux faveurs de l'heure ou de l'entourage, ou bien qui ne tient qu'à Quelqu'un, en lui, de plus Vivant que lui qui n'est que de passage ? Lorsque Soljénitsyne, prisonnier du goulag, ose affirmer : « Je suis tellement libre qu'on ne peut plus m'ôter ma liberté », il aurait aussi bien pu déclarer : « Je suis si vivant qu'on ne peut plus m'ôter la vie, que la mort même ne me l'ôterait pas. » Et ses geôliers l'ont si bien compris qu'ils ont renoncé à le condamner à mort, qu'ils ont préféré l'exiler plutôt que de laisser au milieu d'eux un vivant si vivant qu'il en aurait fait sauter tous les verrous de sûreté du totalitarisme. Comme on avait fait du Vivant entre les vivants, sans comprendre d'abord qu'il est une vie qui revient de toute condamnation à mort, avec la puissance de l'éternel. Et c'est à cette vie, en fait, que toute existence puise ce qu'elle a de vivant. C'est-à-dire au Christ. Nous n'avons le choix qu'entre les semblants de vie où Dieu n'est pas, ces heures creuses où le divertissement, pour parler comme Pascal, l'emporte sur la vérité, et la Vie, fondée sur le Vivant qui, pas plus que les oiseaux du ciel et les lys des champs ne se soucient de leur nourriture ou de leur parure, ne cherche ses critères du seul côté des bonheurs ou des malheurs de l'existence. Et il est vrai que ni ces bonheurs ni ces malheurs ne l'altèrent en ce qu'elle a d'irréductible au relatif. Il est vrai qu'elle se tient quelque part dans l'âme, non pas comme une manière d'être, par exemple stoïque et qui dominerait le flux des événements, mais comme la présence de Quelqu'un de plus vivant en nous que nous-même, au point que les aléas de notre vie y prennent eux-mêmes un prix inattendu et extraordinaire, et que, d'une vie défigurée par l'incohérence, on passe à une vie transfigurée par le Vivant qui est venu sauver, ce qui, sans lui, était perdu. Y compris le quotidien le plus quotidien.

« Dieu est mort », avait proclamé le siècle, dans son jabot avantageux fait de scientisme et de sociétisme, d'illusions et de mensonges. Mais bientôt il annonçait la mort des civilisations et de l'homme, de la littérature et des Églises, de l'idéal et des enfants dans le ventre des mères, toutes morts qui, pêle-mêle, mettaient au fond de l'horizon humain de macabres perspectives. Qu'aucune philosophie, si courageuse soit-elle, qu'aucune idéologie, si puissamment aidée de canons qu'elle soit, n'ait pu relever ces défis de la mort, certes. Car il n'est pas au pouvoir du meilleur philosophe de transformer le désespoir du monde en salut. Il n'est aujourd'hui au pouvoir de personne de réparer les grands massacres auxquels se sont consacrés les enfants du siècle, et qui ont fait tant de victimes que notre époque n'est plus couverte que du nuage sombre du doute. Nul n'est en mesure de réparer l'irréparable que Celui qui était mort, et qui est vivant. Le Christ n'est plus un objet de dissertation pour jeune homme brillant pérorant aux tables des cafés à la mode, il est celui qui reste quand l'homme a tout perdu, et qu'il s'est perdu lui-même au point qu'il en vient à imaginer un suicide collectif pour le tirer de ce cauchemar. « Je vois venir les temps les plus noirs du monde », disait Saint-Exupéry. La prédiction est peut-être exagérée, et il n'est pas de temps si sombre qu'on n'y voie briller une étoile. L'étoile, à elle seule, fait basculer la nuit du côté de la lumière. Que dans ces temps noirs, les premiers mots de Jean-Paul II apparaissant au balcon de Saint-Pierre aient été « N'ayez pas peur », est un signe pour des temps effrayants et effrayés. Qu'aussitôt après ces mots, il ait rappelé la seule raison de lever toutes les craintes en ajoutant : « Ouvrez toutes grandes les portes au Christ », et l'on se reprend à penser que les temps ne sont pas si noirs que la littérature noire le dit.

Il suffit au Vivant d'être vivant, pour qu'à Lui seul,

comme à l'heure où il surgissait du tombeau, la toute-puissance vivante qui l'habite rende une Mère Teresa plus vivante que toutes les vedettes du monde, que la véritable vie l'emporte sur toutes ses contrefaçons. Une heure de son visage en prière sur les télévisions du monde, est d'un effet plus sûr que tous les visages fardés que se disputent ordinairement les écrans.

De quoi vit-elle, cette petite vieille rabougrie qui passe son existence dans des mouroirs auprès d'agonisants abandonnés par tous ? Des millions que lui allouent quelques bonnes âmes inquiètes, à sa seule vue, de leur éternité ? Les millions filent entre ses doigts plus qu'entre ceux d'un fils de famille prodigue. De la gloire qui s'empare soudain de sa personne au point d'éclipser celles des naïfs qui ont consacré toutes leurs forces et leurs heures à la poursuivre et qu'elle a soudain l'air de dédaigner ?

Certes, la vieille Teresa ne vit ni d'argent ni de gloire. Elle est si vivante, que ni la gloire ni l'argent ne font rien pour qu'elle le soit davantage. On dirait que Dieu les lui offre comme le surcroît qui est donné à ceux qui ont déjà tout. Car elle a tout. Comme Soljénitsyne a tout. Comme Lech Walesa a tout. Comme ont tout, ceux qui ont un jour rencontré sur leur chemin le Vivant qui soulève la dalle des cœurs morts avec la même aisance qu'il soulève celle des tombeaux. Vivante ? Mère Teresa l'est au point qu'elle n'échangerait sa vie pour aucune autre vie, puisqu'à la sienne seule, les autres vies sont comme réanimées d'un souffle neuf. Une existence qui élève et qui soulève obscurément en chacun une part légère, qui ne pèse pas sur la nôtre, mais qui rend toutes les autres moins pesantes, voilà le signe qu'elle est habitée par Celui qui rompt les lois de la pesanteur, parce qu'il soulève tous les poids dont le monde est chargé.

Ce vocabulaire de la pesanteur et de la grâce, dont Simone Weil a usé avec un génie qui illumine notre siècle, est sans doute l'un des plus propres à caractériser la nature du débat posé au cœur de la société et de l'homme contemporain. C'est le Christ lui-même qui, à ceux qu'effrayait peut-être la perspective de le suivre, a souligné que son joug était doux et son fardeau léger. C'est notre époque en revanche qui, par la bouche de ses philosophes, nous affirme que l'existence humaine ne saurait échapper au pouvoir de la matière. Qu'il n'est aucun esprit, si puissant soit-il, qui l'en délivre. La dialectique du mort et du vivant se reconnaît dans ce vocabulaire : Tu es matière et tu retourneras à la matière, mais pour mieux ajouter : Tu es esprit et tu retourneras à l'esprit. Les morts — et les vivants qui ne sont pas vivants, les morts-nés en survivance, nourris de mauvais lait, comme dit Mistral — pèsent à l'envie les uns sur les autres dans la partouze universelle, aveugle et désespérée, dont un de mes interlocuteurs me parlait. Leur pesanteur est celle des corps auxquels on a coupé les ailes. Pas seulement du pélican ou du poète dont parle Baudelaire, exilés sur le sol et dont s'amuse la galerie. Pas seulement des êtres exceptionnels emprisonnés dans des limites insupportables à leur énergie créatrice — « j'ai rongé tant qu'est mort de patiente usure… » —, mais tous les êtres privés de l'ange que Dieu a mis sur l'épaule de chacun, mais que chacun a oublié dans l'inventaire de son destin. L'ange dont l'aile allège notre épaule chaque fois que la pesanteur paraît la charger bien au-delà de ce qu'elle peut endurer. Parlant des enfants, le Christ souligne que le Royaume leur appartient parce que « leurs anges dans le ciel contemplent en permanence la face de Dieu ». Sans doute nos propres anges ont-ils tant à faire à nous soutenir au-dessus des gouffres sur lesquels nous avançons, qu'il leur reste à peine le temps de cette contemplation réparatrice. Toujours est-il qu'ils sont notre aile, celle qui refuse de céder à notre pesanteur ; notre légèreté, quand tout en nous pèse du côté de l'existence sans espoir.

Claudel, qui sait de l'intérieur de l'homme ce que tant de psychologues voudraient y apercevoir, a très joliment décrit dans *Le Soulier de Satin*, ce mouvement où Dona Prouhèze tire vers le corps quand son ange tire vers l'aile. Car la vie est du côté de l'aile. Une once, en nous, de cette vie, et l'existence est aussitôt allégée des trois quarts de son opacité. D'abord parce qu'elle rompt son attraction pour les choses de la pesanteur. Quand même l'incarnation la maintienne dans les limites de notre condition, elle visite ces limites elles-mêmes pour les ouvrir à une légèreté dont quelques-uns appréhendaient la transparence, mais dont nul ne soupçonnait la force avant que le Christ nous ait offert cette prière de la légèreté qui est la prière au Père. La prière de l'ascension à Celui en qui il n'est plus de pesanteur, et dont nous savons qu'elle est entendue.

« Notre Père qui es aux cieux, restez-y », disait Prévert avec un humour qui ne remplace pas l'amour dont il nous prive. Heureusement que l'inversion de Prévert a moins d'adhérents que les millions de « Notre Père » qu'élèvent chaque jour des millions de voix anonymes… Restez-y, cela signifie de renoncer à la grâce pour la pesanteur, de fermer la vie du seul côté où elle s'ouvre à l'inconnu, de demander au vivant de nous laisser mourir.

L'homme n'a de choix qu'entre l'obsession de soi et l'obsession de Dieu. Entre les préoccupations closes sur soi, fussent-elles à la dimension de l'univers comme chez les hommes de proie, et des préoccupations ouvertes sur le tout autre que moi. L'obsession de soi espère sauver le moi par le moi, l'obsession de Dieu, lucide à propos de tous les moi, en appelle à Celui qui guérit le moi de lui-même. Elle s'adresse au vivant parce qu'elle sait que Celui qui est en mesure de soutenir l'apparition à chaque seconde de millions de créatures inédites, sans épuiser jamais son pouvoir créateur, est aussi en puissance de les sauver. Dans Jean, le Christ rappelle que, dès l'origine, Satan a voulu faire « mourir les hommes ». Les hommes auxquels Dieu avait donné la vie. Et les hommes, jouant avec Satan, sont tombés sous l'empire de la mort. Le sida n'est qu'une péripétie parmi d'autres. Et l'avortement qui tue bien davantage encore, sans que la conscience publique ne s'en affole, et le suicide, et la guerre. Mais Celui dont le Royaume n'est pas soumis à la mort, qui règne sur un univers vivant, visible et invisible, et qui l'a rappelé à Satan du sein même d'un tombeau, est venu à jamais rompre le charme maléfique. Des esclaves, il a fait des hommes libres. Des hommes libérés du péché et de la mort.

On a souligné assez le silence du Christ au long de son procès pour rappeler cependant ce débat où il demande aux pharisiens : « Pourquoi voulez-vous me faire mourir ? » Débat d'une violence extrême, où l'on voit bien d'où vient la vie et d'où vient la mort. Impossible de lire ces pages sans comprendre que notre destinée est le champ d'un combat si radical entre le

Vivant et la mort, que le choix auquel nous sommes appelés est moins celui de la vertu cataloguée dans une morale, que le choix ultime et premier de la vie contre la mort. L'obsession de Dieu n'est que l'obsession de vivre, non plus d'une vie finie, mais d'une vie infinie. Elle est obsession de Quelqu'un de plus vivant que nous, qui offre à ce qui en nous n'est qu'apparence d'amour, l'amour dans sa plénitude, à celui qui est prisonnier du temps, une libération du temps, à celui qui ne sait rien que de manière insuffisante, la vérité. L'obsession de Dieu est obsession en chaque chose de ce qui la rend éternellement vraie, obsession de l'éternel et de la vérité, l'obsession de l'éternel amour.

9
L'obsession de l'amour

« Vivre d'amour et d'eau fraîche » : la jeunesse, le temps d'un été fou, trouve son compte dans ce programme élémentaire. Il arrive même à des moins jeunes, sur le coup de la quarantaine, de revenir à la fièvre joyeuse de leurs vingt ans, et d'oublier le reste, pour quoi ils ont vécu, en se lançant dans une aventure qui défie toutes les prudences. Ne plus vivre que d'amour est un projet qui a traversé, un instant au moins, et fût-il court, toutes les têtes jusqu'aux plus raisonnables. Car la raison, ennemie de l'amour, ne laisse à l'amour qu'un été, et reprend ses droits à la fin de l'intermède. On ne vit pas plus d'amour que d'eau fraîche : à ceux qui tiennent à vivre, il faut trouver des nourritures plus substantielles. « Heureuse la vie, dit Pascal, qui commence par l'amour et finit par l'ambition. » Autrement dit, heureuse la vie qui ne s'en tient pas à l'amour. Et malheureux ceux qui s'abandonnent à la folle perspective. Ou bien ils se découvrent condamnés, comme tous les grands amants de l'histoire — Roméo et Juliette, Vincent et Mireille, etc. — à mourir d'amour. Et c'est ce que rappelle Créon à sa nièce Antigone, après qu'elle ait osé prétendre n'être « faite que pour l'amour » : « Va donc aimer chez les morts » — L'amour tue ceux qui croient pouvoir ne vivre que d'amour. Ou bien l'amour meurt, et les façons qu'il prend pour mourir, des tragiques aux indolores, aboutissent aux mêmes résultats : l'oubli de l'été fou qui ne croyait qu'en l'amour.

Je sais qu'une philosophie à la mode, un adolescentisme faussement innocent tente une diversion et propose, à qui veut l'entendre, de rester toujours jeune et toujours amoureux. Mais je sais aussi que les réveils de nos philosophes sont douloureux : l'amour qui joue à avoir vingt ans quand il en a quarante ne ment pas plus longtemps à soi qu'il ne ment longtemps aux autres. « Vivre d'amour et d'eau fraîche » est une aventure qu'on ne renouvelle ni ne prolonge à volonté. Et le regard goguenard du monde, non seulement sur ceux qui prétendent faire durer l'aventure, mais encore sur les innocents qui la découvrent, en dit long sur les chances qu'elle a de braver le temps. On ne vit pas d'amour. On vit.

Et pourtant, malgré tous les démentis apportés par l'expérience millénaire aux hommes les plus sages comme aux plus fous, il reste chez les uns et chez les autres, au fond de je ne sais quel lieu, réservé et toujours vierge de l'âme, le désir absolu d'aimer et d'être aimé. Nul n'accepte, à la question du fabuliste « ai-je passé le temps d'aimer ? » de répondre qu'il y a un temps pour ne plus aimer. Un désir plus puissant que tous les désirs et qui n'est pas réductible au désir du sexe pour le sexe. Celui-ci n'est même souvent que prétexte à faire apparaître l'autre. Ou à le masquer. Loin que l'amour se joue tout entier dans la satisfaction ou l'insatisfaction sensuelle, celle-ci est le révélateur, serein ou tourmenté, d'une autre satisfaction à laquelle aspire l'homme. La chair comblée rêve d'une plénitude autrement absolue et définitive qu'une étreinte heureuse ; la chair trahie pressent que l'amour n'a pas tout dit de ce qu'il est, soit qu'elle espère d'un autre partenaire ce que ne lui a pas offert la première expérience, soit qu'elle devine qu'une autre expérience reste à faire, dont celle-ci n'était que les prémices. Une expérience qui ne s'en tienne pas à la chair, mais non plus seulement à l'âme comme le prétend un peu rapidement l'idéalisme, déçu par la seule chair, et qui croit trouver dans le sentiment ce qu'il n'a pas trouvé dans le sexe. « Mon âme qui voudrait que ton amour demeure, aime pour l'amour de l'amour », dit Marie Noël. L'expérience à laquelle ni la chair comblée ni la chair déçue n'ont encore part, est celle d'un tel amour qu'il ne se limite pas à celui de l'homme pour la femme et réciproquement, mais qu'il embrasse ainsi celui de la mère ou du père pour l'enfant, de Mère Teresa pour le pauvre, des hommes pour la justice. Un amour dans lequel tout amour se reconnaisse comme libéré et accompli, un amour qui donne à tous les autres la mesure de l'amour, et sa démesure.

Des lycéens que je ne connaissais pas m'ont un jour invité dans une école publique, à première vue fort éloignée des préoccupations qui inspirent ordinairement mes réflexions. Or, d'entrée de jeu, les questions qui fusèrent, à la stupéfaction des professeurs, ne portèrent que sur l'essentiel. Une fille de seize ou dix-sept ans me demanda après quelques minutes d'échanges : « Croyez-vous que l'amour entre un homme et une femme puisse durer toujours ? » Bien sûr que non, lui répondis-je, je ne le crois pas. Pas plus que nous ne durons, notre amour ne saurait durer, il est éphémère, à moins que… A moins qu'il n'existe au monde un amour qui ne soit pas éphémère parce qu'il ne viendrait pas de nous, et que cet amour entre dans le nôtre pour le sauver de sa précarité. A moins qu'il ne soit offert à notre amour d'être visité par un amour plus vaste que lui, et qui l'ouvre soudain à une plénitude et une durée inconnue de lui. Alors l'amour entre un homme et une femme pourrait durer toujours. L'homme et la femme n'ont besoin de personne pour s'aimer, mais pour que dure leur amour, ils ont besoin en effet d'un amour plus durable que le leur. Mais ce qui est vrai de l'amour de l'homme pour la femme l'est de tout amour qui naît un jour au cœur de l'homme : de tout amour, il découvre un jour la finitude et qu'il ne rime pas avec toujours. Dans tout amour, il reconnaît d'autant plus douloureusement sa propre limite que cet amour avait davantage fait lever l'espoir de l'illimité. Il n'est rien comme l'amour de l'homme pour lui révéler à la fois les frontières de sa condition et qu'il n'aspire qu'à franchir ces frontières.

Ne soyons pas dupes, en effet, de ceux qui, essuyant l'échec de la limite, se rabattent sur les aventures amoureuses à défaut d'amour durable. Ne soyons pas dupes du donjuanisme qui tente de remplacer l'amour durable par les amours successives, et, se félicitant mensongèrement de ses choix, voudrait masquer l'impuissance à aimer toujours, en inventant un amour nouveau pour chaque jour. La vérité est que Don Juan aussi, dans sa fuite perpétuelle, rêve de repousser un peu plus loin les bornes de l'amour, un peu au-delà de lui-même et de ses propres limites. Mais Casanova nous répond qu'il ne s'emprisonne pas moins qu'un autre, alors que, pas moins qu'un autre, son rêve était d'en sortir. Musset a raison quand il affirme que « ce que l'homme ici-bas appelle le génie, c'est le besoin d'aimer ». Il ne dit pas l'amour mais « le besoin d'aimer ». L'amour n'est pas le génie de l'homme mais le génie de Dieu ; celui de l'homme n'est que le besoin infini d'aimer et d'être aimé malgré tous les démentis que l'existence oppose à ce besoin. L'obsession de l'amour absolu, de l'amour éternel, de l'amour durable, n'est qu'une autre forme de l'obsession de Dieu. Sa forme la plus universelle, la plus constante, la plus irréductible.

Freud a bien vu que l'amour humain ne se résume pas à ce que l'homme en croit et ce qu'il en dit. De cet amour qui s'ignore lui-même, qui se cache, cet amour refoulé derrière les masques et les discours, il le nomme le sexe. Le sexe universel, absolu, imprégnant tout amour quand même il se prétendrait le plus sublime. Entendez : le plus sublimé. Mais Nietzsche, et tous les moralistes, et tous les philosophes, et toutes les amantes et les amants ont aussi cherché dans l'amour autre chose que ce qu'il dit et croit de lui-même. Parce qu'ils ont toujours, et tous, pressenti qu'il y a dans l'amour quelque chose, sinon quelqu'un, qui explique tout amour au plus secret de lui-même. Car ils en font un secret plutôt qu'un mystère. Et il est vrai que quiconque aime voit bien où son amour commence — et quelquefois où il finit — mais ne voit jamais strictement ce qu'il contient. Qu'il contient plus ou moins qu'il n'y paraît. On a volontiers dénoncé les mirages de l'amour nourrissant les illusions de ceux qui ont cru découvrir le paradis dans une rencontre de hasard ; et l'on a suffisamment souligné les pièges que tend l'amour, pour que cet amour-là nous cache encore ce qu'il cache.

Mais pourtant, est-on bien sûr que dans les illusions mêmes de l'amour il n'y avait que de l'illusion ? Ce que masquait la fièvre des sens, l'effervescence du cœur, n'était-ce que l'égoïsme ou le désir de possession ? Plus caché que tout cela, n'y a-t-il pas dans l'amour le plus illusoire, un instant d'une vérité si essentielle, qu'elle laisse après soi la nostalgie irréductible de cet instant heureux ? De quoi était-il fait ? Du sentiment intense de la fusion de deux êtres ; de l'intuition éphémère mais absolue que deux intimités s'étaient ouvertes radicalement l'une à l'autre. Que les sens avaient fait la preuve de ce contact privilégié et unique dans lequel l'être attendu s'était livré à un autre être, poussant ensemble les limites des mots et de la chair jusqu'à l'indicible. Qu'on appelle ensuite illusion cet instant parce qu'il n'a pas duré et qu'il est trahi par les instants suivants, il n'en reste pas moins que l'amour le plus vain, je veux dire l'amourette sans lendemain, révèle bien plus que la puissance du désir sexuel, ce « besoin d'aimer » dont parle Musset, et qui est besoin de communier à un autre être, à sa source.

Tous les débauchés rêvent de conquérir des vierges, non seulement, comme le dit Don Juan, pour ajouter un nom à une liste, et s'assurer une priorité singulière, mais sans doute parce qu'incapables désormais de revenir à leur propre source, ils espèrent retrouver dans la virginité de l'autre ce qu'ils ont à jamais perdu en perdant la leur. Communier à la source d'un être, et pour ainsi dire découvrir ce qu'il ne révèle à nul autre, nous savons bien que l'amour seul est capable de cet exploit. L'obsession de l'amour est l'obsession de cette communion absolue qui ne passe que par éclair dans la plupart des existences, mais qui laisse, comme les météores, l'impression singulière d'avoir troué la nuit profonde. C'est de ce côté-là qu'est le mystère le plus profond de tout amour, de celui qui passe à côté de lui-même, comme de celui qui va jusqu'au bout de lui-même. La révélation de quelqu'un et simultanément de nous-même, par-delà toutes les apparences. La révélation de l'être en sa profondeur, qui passe nécessairement par l'amour. Proust écrit un peu légèrement qu'on « aime une femme pour la désincarner de son mystère ». Peut-être est-ce, en effet, le premier mouvement de l'amour, le mouvement égoïste, qui reconnaît le mystère de l'autre et qui espère en venir à bout. Mais le second mouvement, le mouvement durable, ne vise à pénétrer ce mystère que pour le révérer et non l'épuiser. Le premier signe de sa révérence est d'ailleurs de comprendre qu'il est inépuisable. Mais il est vrai qu'au centre du mystère de l'amour est le mystère d'un être. Si l'obsession de Dieu et l'obsession de l'amour se confondent, c'est que le mystère même de Dieu se tient au cœur du mystère d'un être, que c'est lui qu'on rencontre en même temps que le mystère de cet être, et lui qu'on écarte, en même temps qu'on réduit le mystère de cet être à une illusion. Il faut apprendre de l'amour déçu bien plus ce qu'il sait de la déception que ce qu'il sait de l'amour. Il ne sait plus rien de l'amour, hormis qu'il déçoit infiniment de l'avoir manqué. Et cette déception témoigne assez, par son désespoir et sa violence, mais aussi par les douces résignations, qu'elle attendait davantage. Qu'elle attendait tout. Qu'elle attendait quelqu'un qui serait tout, et pour toujours. L'obsession de l'amour est l'obsession de la rencontre définitive d'un être absolu en qui nous communions à la source de notre être en communiant à la sienne. L'obsession de l'amour, c'est l'obsession de Dieu au quotidien, dans les plus petits détails de l'existence comme dans ses instants extrêmes. Tant que le mystère de Dieu s'est confondu pour moi avec Celui du Dieu plus lointain que le plus lointain des océans, j'ai rêvé d'atteindre ces lointains pour l'y trouver. J'ai rêvé de l'ailleurs et de l'impossible, avec quelques heures d'ingénuité qui me touchent plus aujourd'hui par l'élan qu'elles recelaient que par le but qu'elles se donnaient.

Dieu est devenu proche dans l'amour, je l'ai déjà dit. Si beaucoup ont prétendu, au contraire, avoir perdu Dieu dans l'amour et rencontré avec l'amour le concurrent de Dieu, c'est qu'en effet Dieu s'y trouve ; qu'on peut l'y perdre mais aussi l'y rencontrer. Que dans un premier temps l'amour estime pouvoir se suffire à lui-même, que l'amour lui-même passe pour Dieu, certes. Nous nous souvenons tous de ce premier éblouissement de l'amour qui rendait tout à coup la femme si proche et le reste, Dieu compris, tellement superflu. Je me souviens de la découverte de l'amour humain comme de l'impression inoubliable de la découverte du réel. La porte s'ouvre sur une réalité merveilleuse et inconnue qui éclipse toutes les autres jusqu'ici connues, même les plus chères, les plus anciennement ancrées dans mon origine. Dans l'instant où l'on aime pour la première fois, on éprouve l'impression de n'avoir jamais tout à fait vécu jusqu'ici, et qu'enfin l'on va vivre à deux, de la plénitude de la vie, de la connaissance, du bonheur. Notre impuissance à retenir définitivement cette existence entrevue comme la plus réelle, ne rend que plus puissante l'impression qu'il n'y a pas de réalité hors de l'amour : « Oh ! reste, tu es si beau », murmure Goethe à l'instant parfait, comme Pierre, après la Transfiguration, demande au Christ d'établir trois tentes sur la montagne où il conversait avec l'autre monde. En fait, nous croyons atteindre Dieu, un dieu que l'on serre dans ses bras. Nous avons compris d'un coup que l'amour et Dieu ne faisaient qu'un, quitte à l'oublier aussitôt lorsque Dieu paraît soudain entrer en concurrence avec cet amour-là. Mais d'emblée, nous avons saisi cette unité fondamentale, et combien il sera difficile pourtant de la réaliser au quotidien après l'avoir entrevue dans un éclair.

L'obsession de l'amour n'est alors que l'obsession de ce dieu entrevu dans l'amour, l'obsession d'un amour qui ne laisserait plus échapper ce dieu. Marie Noël a très profondément dit l'effroi de toute âme qui découvre que cet amour est Dieu lui-même. L'homme se passerait d'abord de Dieu pourvu qu'il puisse aimer. Comprendre que l'amour qu'il cherche en vérité c'est Dieu, et que toutes les autres amours ne pourront que le décevoir dans la mesure où elles ne sont pas Dieu, mais le satisfaire dans la mesure où elles se rendent transparentes à Lui, introduit l'existence dans le débat même qui en est la clef.

Je n'ai rencontré qu'une fois le père Zundel, chez mes amis Madge et Jean Mouton. J'adhère à la manière dont il souligne que le seul problème de l'amour n'est pas que l'on aime trop celle-ci ou celui-là, mais que l'on n'aime pas assez. Que l'on ne sait pas aimer d'un amour infini, mais seulement d'un amour fini, les créatures, nous empêche de saisir la plénitude de l'amour qui nous attend en chacune d'elles. Marie Noël dit profondément le recul de l'âme prisonnière de son incarnation, et qui tremble devant cet amour-là. C'est lui qu'elle cherche, et c'est pourtant lui qu'elle refuse d'abord. L'homme et la femme préfèrent essayer de toutes les amours et de toutes leurs déceptions, avant de reconnaître qu'à travers ces recherches, c'est pourtant celui qu'ils refusent qu'ils espéraient trouver. Dans le même instant, l'homme rêve d'amour divin et repousse Dieu. Jusqu'au jour où s'opère la révélation la plus essentielle à l'existence, celle où tout amour devient transparent au Dieu qui est amour. « Sentir l'être sacré dans l'être cher », dit superbement Victor Hugo, en écho à cette révélation. Alors, celui qui aime son frère qu'il voit, aime Dieu qu'il ne voit pas. Gustave Thibon, dans une de ces prières du dernier soir qui paraissaient être aussi celles d'un premier matin, tant il est vrai que la durée de l'expérience ne fait rien à l'affaire, Thibon s'exprime du cœur de cette révélation : « Je n'ai jamais aimé, je n'ai jamais cherché que Toi... » Mais le Cantique des Cantiques, avec une poésie souveraine, dont les théologiens feraient bien d'inspirer leur vocabulaire, a exprimé en termes d'attente cette recherche. Si la recherche ne sait pas toujours qui elle cherche, l'attente sait toujours qui elle attend. La fiancée du Cantique attend le Fiancé, et elle sait qu'Il vient. Elle ne doute pas que son attente soit fondée. Simone Weil, parlant de cette attente de Dieu a justement, mieux que personne, marqué qu'elle n'avait rien de vague, comme ces sentiments adolescents qui ne savent sur qui et sur quoi se poser et qui se posent sur le premier objet venu.

La fiancée sait qui elle attend, et elle sait qu'Il vient. L'obsession de l'amour, qui est l'obsession de Dieu, sait ce qu'elle cherche dans l'amour. Et elle sait qu'elle l'y trouvera. Elle n'attend pas sans attendre, comme dans Beckett, quelqu'un qui vient et ne vient pas. Elle attend, de toute la puissance de la foi et de l'espérance, Celui qui vient : l'amour qui répond à l'amour. Elle attend Dieu parce que Dieu lui a fait savoir qu'Il venait, que Dieu ne manque jamais à ses promesses : « Tu ne m'attendrais pas si tu ne m'avais déjà trouvé ; tu m'attends, parce que tu m'as trouvé. »

La révélation nous découvre qui l'on attendait, et que, cherchant ailleurs sans rien trouver, il suffisait de suspendre toute recherche pour se préparer plutôt à accueillir Celui qui vient. L'obsession de Dieu, s'exprimant dans l'Écriture sous la forme d'une obsession de l'amour, trouve des expressions si nombreuses et si profondes que l'une ne fait que conforter l'autre. Et je ne parle pas des mystiques, chrétiens ou non, dont la foi et l'espérance ne sont plus qu'un chant d'amour. Ainsi que le Cantique des Cantiques, toutes ces voix expriment la confiance infinie de ceux qui ont découvert la raison dernière de tout amour. On a quelquefois fait remarquer avec légèreté que ces chants d'amour empruntent au vocabulaire amoureux le plus élémentaire quelques-unes de leurs expressions les plus crues et, en tout cas, les plus incarnées. Mais c'est la remarque inverse qu'on devrait faire : c'est le langage amoureux qui, dans sa fièvre et faisant feu de tout bois, se saisit parfois de celui de la mystique. Quand il affirme « adorer » l'objet de son amour, il est une transposition directe d'une adoration qui a trouvé le véritable objet de toute adoration, dont l'autre n'est qu'un substitut provisoire.

Le *Cantique à Elsa*, où Aragon détourne au profit de celle qu'il aime, la liturgie catholique, n'est qu'un récent exemple de cette manipulation vieille comme l'amour. Nul n'est jamais allé plus loin en effet dans l'expression de l'amour que les âmes où brûle l'amour de Dieu, parce que cet amour est réciproque et que la brûlure d'amour que Dieu lui-même met dans l'âme qui l'aime, est incomparablement plus puissante que toutes celles que n'importe quel autre objet est capable de mettre dans une chair et dans une âme. Cet amour n'est pas à sens unique, et ne tire pas de lui seul sa force, mais de son objet divin. Alors quelque chose de divin lui confère cette audace incroyable du verbe, du sentiment, de l'idée, qui fait que certains psychologues ici se hasarderaient à défendre sur le seul terrain de leur discipline les élans d'une Thérèse d'Avila. On ne manie pas aisément ce genre d'explosifs. Mais, pour être moins extrême dans ses expressions, ou même s'il reste muet, lorsque l'amour de Dieu brûle dans les âmes croyantes et les plus simples, il n'en est pas moins absolu.

Je connais tel homme ou telle femme fort modestes, en qui cet amour a trouvé son lieu sans partage, au point qu'il leur permet d'assumer toutes les heures de leur destin, des plus transparentes aux plus cruelles, avec une égalité de sentiments qui force l'admiration. Qui appelle l'adhésion. Dans l'ouvrage de dialogues que le Secours Catholique m'a demandé de réaliser pour célébrer son quarantième anniversaire[1], j'ai tiré du silence de leur amour quelques-unes de ces voix. Elles permettent de comprendre pourquoi le monde ne succombe pas à la pesanteur et aux ténèbres qui

1. *Au Nom du Pauvre*, éd. SOS.

s'emparent souvent de lui. Ni le malheur, ni les difficultés quotidiennes parfois aussi redoutables à affronter que le malheur, n'altèrent cet amour qui introduit dans leur existence un dialogue permanent avec Celui en qui tout amour prend sa source et se renouvelle indéfiniment et infiniment. S'il résiste aussi, là où tant d'autres amours s'effondrent, se désagrègent ; s'il traverse le temps sans en être autrement affecté, ce n'est pas que ces hommes et ces femmes soient plus forts que d'autres. Les uns et les autres savent combien ils sont pauvres, et non moins pauvres que les pauvres êtres humains désorientés qu'ils côtoient chaque jour. Ce n'est pas à leur propre amour qu'ils doivent seulement d'être sauvés, à leur propre fidélité, mais à la fidélité de Celui qui les aime davantage qu'ils ne l'aimeront jamais. Leur amour a découvert le secret de cet amour qui répond au leur, de bien plus loin, de bien plus profond que le leur. Rien n'est plus éclairant, dans l'Évangile, que cette confiance, cette certitude des pauvres quand ils adressent une requête à Jésus. Ils aiment leurs enfants, leurs amis, mais cet amour tout humain n'est pas assez puissant pour sauver leur enfant malade ou même mort, leur « frère qui sent déjà ». Alors ils en appellent, de toute la simplicité de leur confiance, à l'amour plus puissant que le leur, et qui sait aimer encore plus puissamment qu'eux leur propre enfant. Et le miracle que leur propre amour n'accomplit pas, l'amour de Dieu l'accomplit. Jaïre a bien fait de demander la guérison de sa fille. Son affection paternelle, si grande soit-elle, ne pouvait plus rien. Son amour de père découvrait sa limite, comme tout amour simplement humain devant la mort de l'être aimé. Soudain, que reste-t-il de l'objet le plus cher, de l'amour le plus ardent ? Mais voici que l'amour de

Jaïre s'en remet à l'amour qui passe tout amour et dont il sait tout à coup, d'une certitude absolue, qu'il ramène de la mort l'humanité perdue.

L'obsession de Dieu, c'est l'obsession de cet amour qui répond à mon amour pour le transformer en éternité. Quiconque ne se résigne pas à la mort de sa fille, comme Jaïre, ni à la « petite mort des petites amours », comme dit Marie Noël, quiconque, par-delà toutes les désespérances, et aussi toutes les joies humaines, en appelle à l'éternité de l'amour, en fait, en appelle à Dieu. Et que, de tous ses autres noms, il préfère appeler Dieu du nom de l'amour, n'est pas un aveuglement de l'amour. Car, en effet, « Dieu est amour », et les deux obsessions n'en sont qu'une.

10
L'obsession de l'éternité

Éterniser un misérable moi : voici à quoi se résume l'objet des religions pour certains de leurs détracteurs. L'objection est par exemple au centre de mon dialogue avec le truculent secrétaire général du Parti Communiste français, Jacques Duclos[1]. Ils ne veulent pas mourir, et ils s'inventent un Dieu qui sauve de la mort leurs petites affaires. La remarque, pour être élémentaire, n'est pas fausse. Il est vrai que la peur de mourir, et la peur de mourir tout à fait, inspire à certaines heures des élans vers Dieu qui n'ont rien de très

1. CHABANIS Ch., *Dieu ? Non, op. cit.*, p. 165.

édifiants. Et ceux qui se gaussent de ces élans, ou qui les méprisent comme un François Jacob ou un Jean Dausset, n'ont pas tort. Eux, qui n'ont pas non plus découvert en eux le lieu sacré, et lui seul, qui en appelle à l'éternité, voient mal — et ils ont raison — comment des passions tellement personnelles, des intérêts tellement relatifs, en eux, et chez les autres, devraient survivre à l'existence. Ce qui en nous est destiné à la mort n'a pas besoin en effet d'éternité. Et comme la plupart des hommes de ce temps n'ont attaché leur vie qu'à ce qu'il y a en eux d'éphémère, de superficiel, voire de frelaté, rien de tout cela n'en appelle à une éternité, mais plutôt à disparaître au contraire à jamais. En quoi les aventures amoureuses, par exemple, le sexe, aurait-il besoin d'éternité ? En quoi le travail scientifique, toujours laborieux et ponctuel, en appellerait-il à être éternisé ?

Mais avec l'œuvre de l'artiste, on pénètre déjà dans un autre univers. Même si, aujourd'hui, quelques-uns affirment ne plus travailler pour l'immortalité mais seulement pour l'époque, il reste qu'il n'est aucun artiste digne de son nom qui ne rêve de produire une œuvre immortelle. C'est plutôt ceux qui doutent de pouvoir jamais y atteindre qui mettent en question l'immortalité. Les autres savent bien que leur création est un dialogue avec la mort : d'elle ou d'eux, et de leur œuvre, qui aura le dernier mot ? Le véritable artiste répondra toujours que c'est son œuvre, qu'il ne travaille pas seulement pour aujourd'hui mais pour un aujourd'hui indéfiniment renouvelé dans une sorte de permanence éternelle. Parce qu'il espère trouver dans l'homme et dans le monde quelque chose qui n'est pas limité à une époque, il espère au-delà de son époque demeurer présent comme il l'est aujourd'hui. Il croit en quelque chose qui n'est pas prisonnier du temps, et qui fait, si son œuvre le saisit, qu'elle n'en sera pas non plus prisonnière. Il sait qu'il y a en l'homme des choses éphémères et qui doivent mourir, et aussi ne cherche-t-il pas à trouver en elles son inspiration. Ou alors, s'il tente de leur conférer aussi quelque immortalité, c'est que, se situant de plus loin que ces choses, il a découvert au-delà d'elles ce qui les nimbe elles-mêmes d'éternité. Mais il sait bien qu'en elles-mêmes, comme nos détracteurs de religions, elles ne méritent que de mourir.

Et c'est d'ailleurs aussi à mourir que nous invite la foi au Vivant. A mourir comme lui sur la croix qui met à mort le moi, qui crucifie tout ce qu'il y a en nous d'éphémère, de misérablement attaché à nos limites. Comme l'artiste est invité à découvrir l'immortel dans l'homme, pour en créer une œuvre immortelle, Dieu est venu révéler à l'homme sa part d'éternité, faite pour l'éternité. Tant que l'homme n'a pas reçu la révélation de ce qui, en lui, ne vient que de Dieu, il ne voit certes pas qu'elle doive retourner à Dieu. Pour le reste de lui-même, il lui suffirait de s'établir sur la terre et de durer peut-être un peu plus qu'il ne fait, et plus confortablement, mais en tout cas sans qu'il soit nécessaire de quitter cette vie pour une autre. Mais quand le Christ parle de ceux-là, il dit justement qu'ils ont reçu leur récompense. Et quand le jeune homme riche, et non seulement riche en biens mais en vertus, sent s'éveiller une soif plus profonde que celle des biens et de la vertu, et qu'Il lui propose de répondre à la soif d'éternité qui le saisit un instant, certes, le Christ est soudain triste qu'il s'en détourne. Ce qui était appelé à l'éternité, ce n'était évidemment pas ce qu'il a finalement choisi. Cela étant appelé à mourir, c'est-à-dire à ne durer qu'un temps plus ou moins court. Dieu ne propose pas d'éterniser le moi mais de le rendre transparent à ce qui le dépasse au point qu'il soit lui-même traversé par la lumière. « L'homme religieux ne pense qu'à lui », a fait remarquer un esprit aigu. Et quand on voit, en effet, ce qu'il est convenu d'appeler parfois homme religieux, on ne peut pas le contredire. Ceux qui visent à établir si puissamment leur moi sur la terre, on comprend qu'ils visent à l'établir non moins puissamment au ciel. Cette éternité du moi, du moi qui non seulement ne veut pas mourir — ce qui en soi n'est pas ridicule — mais qui ne pense qu'à s'établir durablement en lui-même, cette éternité-là n'est pas celle de Dieu. Même si Dieu n'en est pas tout à fait absent.

Que l'homme ne veuille pas mourir, quoi de plus naturel puisqu'il est immortel. Mais de même qu'il n'est pas si aisé pour lui de faire la part de ce qui relève de l'amour et de ce qui relève de l'égoïsme ou du désir, il ne l'est pas de découvrir ce qui est sa part d'éternité. Comme ces gens paniqués, qui, à l'heure d'un incendie ou d'un naufrage, se saisissent de tout ce qui leur tombe sous la main sans pouvoir déterminer l'essentiel qu'il faut emporter, et qui périssent avec tout le reste de n'avoir su choisir, la plupart, qui parlent pourtant d'éternité, la raccrochent à tout et à rien, et en dernier recours, à eux-mêmes, quand il semble que tout a cédé. « Je n'ai pour me soutenir au-dessous des mers du néant que l'idée que je me fais de moi », écrivait Montherlant. Il est vrai qu'il n'allait pas jusqu'à penser que Dieu prendrait cette idée en compte jusqu'à l'éterniser. Encore que... Dans la débâcle générale, l'homme qui ne sait à quel saint se vouer, c'est-à-dire que faire de sa soif d'aimer — qui va de pair avec la soif d'éternité — se rabat sur ce qui lui tombe sous la main, c'est-à-dire les espoirs les plus hétéroclites, et d'abord lui-même. Or ce même Montherlant s'est donné la mort.

Le moi ne résiste pas longtemps quand on place en lui son espoir d'éternité ; c'est en lui que se tient la mort. C'est lui qui se la donne. Or, dans cela aussi le Christ annonce la mort. La vie éternelle ne confère au moi aucune assurance de durer. Quand il soulève, au matin de Pâques, la dalle de son tombeau, offrant à l'homme la certitude qu'il soulèvera désormais aussi la sienne au Nom de Jésus Christ, celui qu'il est venu ainsi moins rassurer dans sa peur qu'assurer dans son espérance, c'est un homme que l'homme lui-même ne connaissait pas encore jusqu'ici. Dès sa première prédication, Pierre affirme que les temps sont accomplis, et reprenant les prophètes, il montre aux juifs rassemblés à Jérusalem de tous les coins du monde, que chacune de leurs paroles s'applique au Christ, et que les temps de l'attente sont clos. Un homme nouveau est né de la Résurrection du Christ, un homme auquel est ouverte l'éternité. Ce sont les mots mêmes d'Étienne devant le Sanhédrin : « J'ai vu le ciel ouvert, et le Fils de l'homme siéger à la droite du Père... » Et pour cette affirmation insoutenable devant les Docteurs de la Loi, il est lapidé, premier martyr du long martyrologe chrétien. Saint Paul assistait à cette lapidation, et les furieux, pour être plus à l'aise, avaient déposé à ses pieds leurs manteaux : Paul ignorait alors qu'il donnerait lui-même sa vie pour soutenir le même témoignage.

C'est qu'un homme nouveau, en effet, vient de naître au matin de Pâques : la résurrection du Christ l'a tiré de l'esclavage du temps, comme la première création l'avait tiré du néant. Il sait ce que ses pères ne savaient pas : qu'il est en lui quelqu'un de si précieux, de tellement unique, en dépit de toutes les apparences contraires, que Dieu lui-même est venu sauver cette part si précieuse de lui-même. Y compris chez le plus misérable, y compris chez le plus défavorisé et le plus handicapé, y compris dans le fœtus désarmé, il est une part de l'homme sur laquelle s'est posé le regard de Dieu et qu'Il appelle à sa propre éternité. « Vous serez appelés fils de Dieu. » Le premier avec lequel il tient sa promesse est justement un larron crucifié à ses côtés. « Ce soir même tu seras avec moi dans mon Royaume », lui dit-il. Ce n'est certes pas sa misérable existence qu'il prolonge, ses errements et ses faiblesses. Celui sur lequel le Christ a posé les yeux est quelqu'un que le monde ne pouvait pas voir, et que le larron lui-même ne pouvait voir avant que le Christ ne l'ait regardé du regard qui sauve.

En un siècle qui se flatte de parler de l'homme et de n'œuvrer que pour l'homme, ses droits, son bonheur, Jean-Paul II acquiesce au nom du Christ à cette ambition, mais il précise : « L'homme, tout l'homme ; et tous les hommes. » Tout l'homme, c'est-à-dire ce qu'il y a en lui de plus menacé par les idéologies qui réduisent l'homme à ce monde : son âme. Qu'on l'ampute de l'âme, et il ne sait pas toujours ce qui manque en lui et qui le rend malade de lui-même. Les trois quarts des discours de ce temps ne s'adressent jamais à l'âme, c'est-à-dire jamais tout à fait à l'homme et à cette part de lui-même qui, désorientée, tente de s'évader d'un monde clos à travers les drogues, l'alcool, les aventures libertines, d'un homme que l'époque voulait ignorer. L'homme contemporain a mal à l'âme, quand même il ne sache plus où est son âme, tant on lui a fait honte d'en parler. Mais quand le Christ appelle l'homme à sa suite, quand il l'appelle d'un nom dont celui-ci n'avait jamais été nommé, et que, dans le meilleur des cas, il ne croyait connu que de lui seul au secret de lui-même, c'est du nom de son âme que le Christ l'appelle. De son nom d'éternité. Voilà celui de l'homme, qui n'est pas le moi stérile, mais l'homme que Dieu regarde et qu'il aime jusqu'à donner sa vie pour le sauver, c'est-à-dire lui ouvrir les portes du Royaume pour lequel cet homme est fait.

Apollinaire, dans ce vers fameux du pont Mirabeau qui est sur toutes les lèvres : « Mes jours s'en vont, je demeure », a d'une certaine manière pressenti cette part dans l'homme qui est faite pour mourir, mais qui n'en révèle que plus profondément la part faite pour demeurer. Les jours s'en vont : Chronos dévore ses propres enfants et ce qui n'appartient qu'au temps part avec le temps. Sur la fuite du temps, l'homme de tous les temps a gémi, et cherche parfois à en arrêter le cours. « Ô temps, suspends ton vol. » En ce siècle, comme jamais, on a notamment tenté de réduire l'homme à un âge de sa vie : le culte de la jeunesse, l'horreur de vieillir inspirent des discours et des attitudes à la limite de la sottise. Dans son pressentiment d'éternité, et alors même qu'il ne croit pas à l'éternité, l'homme, et plus seulement le croyant, tente d'éterniser une heure privilégiée de son existence. On a ri des chrétiens lorsqu'ils projetaient leur misérable moi dans une éternité paradisiaque. On a envie de rire aussi de ceux qui rêvent aujourd'hui d'une jeunesse éternelle, d'un bonheur renouvelable à volonté. Ce néo-romantisme, pour afficher des airs plus désinvoltes, ne cultive pas moins une sentimentalité vagabonde.

Mais « les jours s'en vont », et, prenant acte de cette fuite, le biologiste, sinon le poète, conseille de s'y résigner. C'est là ce que me dit Jean Dausset. Il faut mourir pour que vivent les nouvelles générations. Philosophie qui ne console pas de voir mourir Pascal parce qu'il n'est pas sûr qu'un nouveau Pascal montera de la nouvelle génération, si elle rassure sur la durée des méchants, qui, Dieu merci, disparaissent aussi. Mais le poète n'a pas tout à fait le regard du biologiste. « Mes jours s'en vont », dit-il, et « je demeure ». Qui est ce « je », comme en dehors du temps, qui ne s'en va pas tandis que s'en vont les jours ? On voit bien qu'il ne s'agit pas du moi misérable et de ses pauvres attachements mais de quelqu'un qui se serait comme éveillé à la faveur de la fuite de ses jours, quelqu'un qui dormait au fond de l'homme tant que la jeunesse lui rendait la vie facile, et qui se découvrirait lui-même quand les apparences du monde cessent de lui faire illusion. Quelques-uns n'attendent pas que les jours s'en aillent pour rencontrer le « je » qui demeure. A vingt ans, des jeunes gens et des jeunes filles quittent le monde et sa gloire qui passe, pour contempler, jour et nuit, ce qui demeure, dans le silence des monastères. Et le monde, qu'ils embarrassent, va de temps en temps contempler pourtant ces témoins de l'éternel dans le temps. « Ils ont choisi la meilleure part » : ce sont les mots du Christ à celle qui ne l'a pas choisie, et qui, comme nous, s'affaire. Mais quand même nous nous affairions aux choses du monde, quand même nous allions et venions dans notre vie avec le souci de bâtir, de gagner, de vaincre, quelque part en nous, le Christ a pour jamais éveillé quelqu'un qui n'est pas prisonnier du temps. Les cathédrales ne sont pas des monastères mais des maisons du peuple, et les cathédrales au milieu des cités continuent de parler à tous de l'autre face du monde.

Mais l'obsession de ce qui demeure n'est pas l'obsession, encore, de Celui qui demeure. Dans ce qui demeure, le moi trouve son compte et pourrait aussi bien tenter de partager ce qu'il a de misérable en s'abritant derrière des figures et des symboles de l'éternel. En Celui qui demeure, c'est son éternité et non plus la nôtre que nous contemplons. Alors, c'est moins notre propre éternité que la sienne que touche notre âme, et ce n'est pas à la rencontre de nous-même mais de Lui que nous allons. En fait, c'est alors seulement que l'obsession de Dieu et l'obsession de l'éternel se confondent dans la même quête passionnée. Quand, tout à coup, l'homme comprend que cette soif en lui d'éternité est moins la soif de demeurer soi-même que de découvrir Celui qui n'a ni commencement ni fin. Alors il ne s'agit pas de la préoccupation d'un moi menacé ou nostalgique, mais de la révélation que la véritable éternité est le don de Celui qui est éternel à celui qui ne l'est pas. Elle n'est pas le droit accordé à une aspiration, si légitime apparaisse-t-elle, mais quelqu'un qui donne Qui il est. En ce sens, la parole du Christ à sainte Marguerite-Marie remet l'éternité à sa place : « Je suis Celui qui suis ; tu es celle qui n'est pas. »

Ce que mesure l'homme dont les jours s'en vont, c'est qu'en effet, son existence appartient au temps, qu'elle pourrait être engloutie par le temps. Et qu'en lui, celui qui demeure n'est pas assuré de demeurer plus que ses jours. « Tu es poussière, tu retourneras à la poussière », lui rappelle l'Éternel, en même temps qu'il lui révèle soudain le don qu'il fait à la poussière.

S'adressant à la Samaritaine, il lui rappelle : « Vos pères ont mangé la manne dans le désert, et ils sont morts... Celui qui mange de ce pain, ne mourra pas. Et le pain que je donne, c'est ma chair, pour la vie du monde. » Si l'éternité se tient en nous, comme un pressentiment de notre véritable destinée, elle se tient en Dieu comme au seul lieu où elle demeure en fait, autant qu'Il est Dieu. L'obsession de l'éternité n'est pas alors l'obsession de vivre mais l'obsession de Dieu même en qui subsiste seul ce qui n'appartient pas au temps. « Le ciel et la terre passeront mais mes paroles ne passeront pas », ose dire Jésus Christ, avec une prétention qui paraîtrait énorme si le propos ne venait de Lui. Ce qui est de Dieu : son verbe, son amour, ne passeront pas. L'obsession de l'éternité est l'obsession de Celui en qui tout demeure, y compris nous-même s'il nous y appelle.

Et c'est pourquoi la nourriture qu'il donne, c'est Lui : son Verbe, son corps, son sang. Se nourrir ici-bas d'éternité, c'est se nourrir de ce qui nourrit notre part éternelle. Avant le Christ, elle était sans nourriture, elle attendait ce que les prophètes seulement promettaient : l'éternel dans le temps, quelque chose de Dieu, au milieu de nous, pour soutenir en nous ce qui est de Dieu. « Le ciel a visité la terre, Mon bien-aimé repose en moi », est un cantique que l'on chantait après la communion. L'éternel a visité le temps et le temps cesse à jamais d'être clos sur lui-même, les jours du poète peuvent s'en aller, le ciel et la terre peuvent passer, l'éternel est au milieu de nous. Il est en nous quand nous approchons de lui, non pas animé de n'importe quelle soif, mais de celle dont parle Simone Weil, qui ne se nourrit que de soif, qui ne se nourrit que de Dieu. Cette présence de l'éternel dans le temps et non plus seulement dans l'éternité elle-même, ouvre à la soif d'éternité une perspective inédite dans l'histoire humaine. Le Christ ne conforte pas seulement les hommes dans l'espoir d'une éternité qui demeure après la mort. Il ouvre ici-bas à l'éternité la part de l'âme qui se sentait prisonnière du temps. L'âme ne vit plus seulement d'attente, elle vit d'une nourriture éternelle offerte au quotidien. La Cène est le plus mystérieux de tous les repas du monde : « Il prit le pain, le rompit… » Nul ne pénétrera jamais le mystère de cette consécration du pain au corps de Dieu, le mystère de cette communion à la réalité éternelle. « Que ce ne soit pas pour ma condamnation », dit saint Paul, que j'approche cette table, que je n'aille pas y nourrir de Dieu ce qui, en moi, n'est pas de Dieu. Seulement cette part inconnue de l'homme que le Christ est venu révéler à l'homme, et que, dans le même temps, il a nourrie. S'il avait laissé béante la place qu'il venait d'ouvrir, l'homme aurait désespéré de lui-même et de son destin. En même temps qu'il a ouvert en l'homme un abîme ignoré, il lui a offert, non de le combler, mais de refuser de le nourrir de tout autre chose que d'éternité, c'est-à-dire de lui seul. « Mes jours s'en vont », dit le poète : « le ciel et la terre passeront », affirme le Christ ; saint Paul y ajoute que la foi aussi passera, ainsi que l'espérance, quand nous verrons Dieu face à face, mais que la charité, elle, ne passera pas : qu'elle est éternelle. Que c'est là qu'est notre éternité et qu'elle commence dans le temps bien qu'elle ne finisse pas avec le temps. Saint Jean précise « qu'au soir de cette vie nous serons jugés justement sur l'amour », que l'amour jugera de nous selon qu'il est amour, c'est-à-dire fait pour durer au-delà de ce qui passe. Quand nous nous demandons ce qui, dans l'homme, est appelé à l'éternité, la réponse est dans ces quelques mots. Non pas éterniser son moi, transformer en millions de dieux des millions de vanités et d'insuffisances, mais offrir à l'amour la réponse de l'amour.

Seul l'amour éternel pouvait répondre à l'amour humain au-delà des réponses que l'homme, jusqu'ici, donnait à l'homme. Et même que les dieux donnaient à l'homme : leurs promesses aussi s'en rapportaient au lendemain. Le Christ a ouvert dès aujourd'hui l'éternité dans le temps : par ce présent dans le temps, il est venu témoigner que l'amour est plus fort que la mort. L'éternité, qui était lointaine, est devenue proche, si bien que c'est elle qui est le moteur même du temps. Dans les heures qui passent, dans un amour toujours fragile et menacé par les épreuves de l'éphémère, il nous est offert de lire une histoire plus profonde qui s'écrit plus loin que les jours. Dès lors que notre aventure quotidienne est ouverte à cette lecture, alors nous percevons dans les plus humbles de nos actes comme un écho de l'autre histoire. « Ce que vous avez fait au plus petit d'entre les miens, c'est à moi que vous l'avez fait... », dit le Christ ; et encore : « J'étais en prison, et vous m'avez visité... » Et le disciple de se récrier : « Mais quand donc, Seigneur, t'ai-je visité en prison ? » C'est que désormais la frontière n'est plus étanche entre le temps et l'éternel, et qu'il s'accomplit dans le premier des gestes qui se déploient jusque dans le Royaume. L'objection bien connue de ceux qui prétendent que l'obsession de l'éternel empêche de se soucier du temps, celle de l'autre monde de prendre une responsabilité dans celui-ci, ne tient que pour ceux qui, en effet, n'ont pas fait le lien qu'a fait le Christ entre le temps et l'éternité, et qui au contraire séparent à nouveau ce qu'il est venu ressouder. Même des chrétiens ont parfois considéré l'éternité comme le refuge contre les inclémences du temps. Mais toute l'histoire, non seulement chrétienne mais humaine, témoigne que chaque fois que les chrétiens ont soutenu le défi que le Christ lui-même a soutenu, qu'ils ont été dans le temps les témoins de l'éternel, ils ont aussi offert au temps ses heures les plus claires.

Que les moines se soucient d'éternité, loin de les empêcher de construire les plus belles œuvres architecturales ou d'aménager les terres qui les entouraient, les a conduits, au contraire, à œuvrer dans le temps avec un souci exceptionnel de perfection. Nulle part ailleurs que dans la tradition chrétienne et sur les terres chrétiennes n'ont fleuri avec tant de force et de résultats les idées de liberté, de justice, de bonheur même. Dans un dialogue avec le politologue Alfred Grosser, celui-ci reprenait le vieil argument selon lequel l'éternité offre de s'évader du temps[2]; il regrettait que le chrétien consacre son énergie à chercher un autre monde plutôt qu'à faire ce monde autre. Mais c'était ne pas voir que les deux énergies, loin de s'opposer, se conjuguent et que l'une, liée à l'autre, entretient au contraire dans l'homme la plus forte motivation qui ait jamais été conçue pour l'attacher aussi bien au temps qu'à l'éternité.

2. CHABANIS Ch., *Dieu? Non*, *op. cit.*, p. 195.

11
L'obsession de la vérité

Simone Weil prétend que la réflexion d'une de ses élèves et la réponse spontanée qu'elle lui fit provoquèrent un jour en elle un ébranlement inoubliable. Elle venait d'exposer « objectivement », en classe de philosophie, les thèses majeures du christianisme, qu'elle ne regardait alors que de l'extérieur et sans référence personnelle au Christ, quand l'élève en question lui dit en se moquant : « C'est trop beau pour être vrai ! » A quoi Simone Weil répliqua aussitôt, comme entraînée au-delà de ce qu'était alors sa propre conviction : « C'est tellement beau que c'est sûrement vrai. » Et sa réponse offre un inépuisable champ de réflexion.

Oui, on serait souvent tenté de dire avec l'élève de Simone : « C'est trop beau pour être vrai. » Quand le discours chrétien devient une autre forme du « tout le monde il est beau, tout le monde il est gentil », et que, dans le même temps, on assiste aux intrigues qui agitent certain petit monde catholique dans le grand monde païen, on se dit que le décalage est grand entre le christianisme tel qu'on le rencontre et le christianisme tel qu'on le vit. Ce n'est pas un hasard si, à ces chrétiens-là, d'aujourd'hui et d'hier, la jeunesse réclame de l'authentique. Ce n'est pas un hasard si l'obsession de Dieu prend la forme d'une obsession de vérité. Et ce n'est pas un hasard non plus si l'authenticité d'un Jean-Paul II et d'une Mère Teresa font plus que toutes les réformes des chrétiens réformateurs, pour la crédibilité du christianisme. Que la jeunesse applaudisse Jean-Paul II même quand son discours est difficile, mais parce qu'il est vrai, rejoint la boutade de l'étudiante en philosophie. La jeunesse ne demande pas tant d'être approuvée que, souvent, d'être entraînée à l'héroïsme. Si le christianisme est vrai, alors il vaut bien que l'on considère en effet la paroi abrupte de la montagne, et qu'on s'y attaque en s'arrachant aux délices et aux mensonges de la société païenne. Lorsque saint Paul se retrouva à Athènes devant l'Aréopage, il affirma en souriant que ce qui paraissait le moins manquer dans la ville c'étaient les croyances et les dieux. A chacun son dieu, comme l'autre disant : à chacun sa vérité. Et l'on serait tenté de tenir aujourd'hui le même discours.

Quand je commençai mon enquête sur l'athéisme contemporain, je pensais, m'adressant aux athées les plus notoires de France, rencontrer une négation plus rigoureuse et vigoureuse. Ces pages que l'éditeur préféra intituler : *Dieu existe-il ? Non.* répondent..., j'aurais voulu plutôt les appeler : « L'athéisme existe-t-il ? Non. » Comme saint Paul à Athènes, je venais de découvrir que l'athéisme contemporain adore en fait beaucoup de dieux, et que ses professions de lucidité, d'intelligence, de culture, ne sont souvent que des professions de foi qui refusent de s'avouer. On n'avoue pas que l'on croit au progrès, à la science, à l'avenir, à la politique, comme d'autres croyaient en Dieu, alors même qu'on vient de ridiculiser cette démarche de la foi. Et j'ai trouvé chez Edgar Morin un écho immédiat à ma réflexion. « Je me suis rendu compte, me dit l'athée, que de croire en Dieu n'était pas plus ridicule que de croire en la Raison, au parti, etc. » Et il ajoutait : « Ceci dit, je continue de me dire athée, mais d'un athéisme que j'appellerai néo-athéisme. » Et, comme je lui demandai de préciser : « J'ai le sens profond du mystère. »

Il n'y a pas — ou très peu — d'athées, mais des gens qui utilisent leur foi à croire en Dieu, c'est-à-dire à ce pour quoi elle est faite, et d'autres qui, ne sachant que faire de la foi, comme il arrive à d'autres de ne savoir que faire de leur amour, l'utilisent à n'importe quoi, ou ne l'utilisent pas. La question de la foi et de la vérité est au centre de la préoccupation religieuse. On ne peut pas croire en Dieu parce qu'on ne peut pas croire en l'amour, qu'on ne peut pas croire en l'éternité, affirment ceux qui ajoutent : l'amour et l'éternité sont des illusions qui permettent de vivre en camouflant l'horreur de vivre. « C'est trop beau pour être vrai », disait l'élève : sous-entendu, ce qui est vrai est moins beau.

Depuis que Sartre a fait une philosophie de ce constat désespéré : ce qui est vrai ne peut être beau, et qu'inversant l'aptitude humaine à la vénération, on a même introduit le culte du laid, et de l'absurde, et de l'horrible, alors ce qui est beau devient encore moins vrai, s'il est possible, plus suspect et plus sujet à caution. On accordera que la parole du Christ est une belle chimère, mais on se gaussera quand il prétend : « Je suis la vérité. » La vérité, Sartre, Freud, Marx et les autres pensent bien qu'ils l'ont trouvée, et ce n'était pas le Christ. Mais ils ne demandent pas moins de foi que le Christ à leurs fidèles. Et voilà tout à coup où le bât blesse en cette fin du siècle des grandes illusions idéologiques.

On essaiera de noyer le poisson dans l'eau en évitant les questions de front, telles que les posait saint Paul aux Athéniens, et telles qu'il faut les poser aujourd'hui aux idéologies. On renverra aux discours annexes où, si tout n'est pas exact, tout n'est pas faux. On évitera de demander ce qu'on demande à propos de Jésus : Marx est-il vérité, et Sartre, et Freud, pour vanter plutôt le résultat quelquefois heureux d'une de leurs analyses. Mais, de jour en jour, nous découvrons davantage que la vérité est ailleurs que dans leurs livres et leurs programmes et leurs analyses, qu'elle est quelque part où ils ne sont plus.

Une certaine culture — qui s'est prétendue quelque temps être toute la culture — a brouillé les cartes en faisant commencer la vérité à la sociologie, à la psychologie, à la politique sociale. Et celui qui citait Thomas d'Aquin — pour choisir un gros mot — apparaissait comme sans culture. On avait tôt fait de lui dire en souriant qu'il se référait à une vérité d'hier, et de proférer dans le même instant une énorme contre-vérité à propos de la vérité. Il n'y a pas de vérité d'hier ou de demain, il n'y a qu'une vérité : elle est ou elle n'est pas. Devant cette affirmation, la pensée contemporaine recule terrorisée, comme l'Aréopage quand saint Paul prononça le mot de Résurrection. Les Grecs estimaient aussi avoir fait le tour de ce qu'il est convenable de dire en la matière, et poliment, ils dirent à Paul : « Tu viendras nous tenir ce discours une autre fois. » Or ce que l'on a retenu du leur c'est seulement qu'ils faisaient obstacle à la rencontre de la vérité. De celui qui est l'*alpha* et l'*oméga* de toute vérité, pour aujourd'hui et pour toujours. Les sages et les savants n'étaient pas loin de dire comme l'élève de Simone : « Trop beau pour être vrai. » Notre vérité, pour être moins belle, est au moins à notre image et à notre ressemblance : relative et bornée. Une vérité à l'image de Dieu, une vérité qui serait Dieu, ne tient plus que de la folie. « Folie pour les païens... » La réflexion même de Félix à Paul : « Tu es fou. » A quoi, il réplique seulement : « Je ne dis que la vérité. » Ils diront que « ma bouche devient folle, écrit Marie Noël, parce que je retourne à l'éternité ».

Or, c'est justement pour une telle vérité qu'est faite la foi. Dans les demi-vérités, les vérités passagères, les vérités accommodantes, elle ne reconnaît pas l'objet véritable de sa soif. Elle veut bien que la raison, que les disciplines scientifiques, que le monde se satisfassent de ces demi-vérités et qu'ils y trouvent leur compte de satisfactions relatives. Elle veut bien se hasarder elle-même sur les terres de la raison et même parler du Dieu des savants et des philosophes avec l'attention qui convient pour toute la démarche humaine. Mais la foi, même si elle doit passer pour folie devant l'aréopage, ose nommer une vérité absolue qu'il ne dépend pas d'elle de modifier au gré des auditoires et des époques, mais d'annoncer comme identique à elle-même, pour tous les auditoires et toutes les époques. Voilà en effet qui est trop beau pour les amateurs de demi-vérités. Voilà qui met le couteau sous la gorge à l'orgueil invité à reconnaître, du même coup, qu'il n'est pas la vérité, qu'il ne la détient qu'autant que celle-ci consent à ouvrir son mystère, et qu'elle lui est fermée dès lors que ce mystère lui devient opaque.

L'obsession d'une vérité absolue, à laquelle communieraient tous les hommes et tous les âges, s'identifie à l'obsession même de Dieu. Et c'est pourquoi les philosophes du jour ont tellement horreur d'une vérité absolue. Elle conduirait, en effet, invinciblement à se dire avec Simone Weil, que ce qui est « tellement beau est sûrement vrai ». Et comme elle, de s'attacher soudain à cette intuition centrale pour tenter d'en saisir la richesse. « Sûrement vrai » : c'est de quoi la foi a besoin comme elle a besoin du tellement beau, car la vérité ne saurait être laide. Beaucoup plus que toutes les disciplines scientifiques, qui ne travaillent que dans l'exact (pour l'exact, pas pour le vrai, disait Hugo). Elle s'est quelquefois et bêtement opposée à elles, alors qu'il n'y a aucune concurrence entre elles. L'homme ne vit pas seulement de pain mais il vit de pain ; l'homme ne vit pas seulement d'exactitude mais il vit d'exactitude, et son intelligence en a besoin pour vivre. Sa foi, elle, qui lui est intrinsèque, comme le fait d'avoir deux mains et deux yeux, a besoin de « sûrement vrai » ; de la vérité absolue. Et qu'on ne lui accommode pas cette vérité absolue à la source des demi-vérités, c'est-à-dire des demi-dieux.

Quand la foi en appelle à Dieu, si on lui parle de politique ou de sociologie, elle fuit. Elle a raison de fuir : la politique n'est pas faite pour elle, surtout lorsque des esprits confus célèbrent Pinochet ou Marx dans le culte qui ne revient qu'à Dieu. César, qu'il ait nom socialisme ou libéralisme, est également César. Mais le « sûrement vrai » est ailleurs, et cela seul compte pour l'âme qui ne croit qu'aux paroles qui sont aussi une nourriture. L'absolument vrai n'est pas une idéologie, une doctrine, un discours, mais Quelqu'un. La seule rencontre de la Vérité qui résiste à toutes les épreuves intellectuelles, sociales, morales, est la rencontre de Celui qui est la vérité, en qui la vérité ne relève pas de la démonstration, de l'analyse, mais de la personne dans son identité radicale. La Vérité et le Christ ne font qu'un et il dira précisément que rien n'est vrai en dehors de lui, et qu'il n'est pas de vérité qui ne vienne de Lui. Ma propre vérité est en Lui, et celle de mon enfant, et celle du monde. C'est en Lui que je découvre la vérité de tout, sans laquelle rien n'est vrai, mais seulement songe et mensonge. Parce qu'en dehors de Dieu, il n'y a rien que ces vérités de passage qui ne dirent que ce qu'elles dirent.

J'ai su cela très tôt, et pour toujours. Et, aussitôt, avec ce caractère extrême qui ne s'embarrasse des détails qu'après être allé à l'essentiel. Si je me suis senti aussitôt en défiance avec ce qu'il est convenu d'appeler l'intégrisme comme avec ce qu'on appelle le progressisme, et si leurs débats m'ont toujours profondément ennuyé, c'est qu'il procèdent du même mélange où la vérité de Dieu est assortie de considérations purement humaines, qui tentent de sacraliser leurs insuffisances en se couvrant du nom qui est au-dessus de tout nom. La déconfiture progressiste est aujourd'hui à la mesure de la déconfiture intégriste : la vivante vérité de Dieu laisse sur la touche ces combats de sacristie qui n'intéressent pas les hommes et les femmes en quête d'un salut. C'est-à-dire de la vérité. Car « la vérité vous délivrera », a promis le Christ, tandis qu'on voit les uns et les autres prisonniers de leurs intrigues qui se valent, de leurs ambitions qui se valent, de leurs esclavages qui se valent. Le totalitarisme de chacun témoigne assez qu'ils ont perdu le tout de la vérité, qu'ils ont perdu l'absolu. Pour avoir été également victimes des uns et des autres, j'ai appris à la fois combien ils se ressemblent sous leurs apparentes divergences, mais aussi combien leur « vérité » est cloisonnée, combien elle est faite d'œillères, d'aveuglements, de despotisme. Grâce à Dieu, ni les uns ni les autres ne disposent nulle part d'un pouvoir absolu, mais là où ils disposent de quelque pouvoir, leur règne est affreux : exclusif, négateur. Et cette crispation même est en soi éloquente. « Quand ils parlent de leur Sauveur, qu'ils aient donc l'air un peu plus sauvés » : le mot de Nietzsche m'enchante parce qu'il résume ce qu'on attend de la vérité de Dieu et que le Christ a promis ; qu'elle délivre, qu'elle sauve, qu'elle coïncide avec la liberté suprême de l'âme qui a reconnu le lieu de sa propre vérité. Car notre propre vérité et celle de Dieu coïncident justement dans l'acte libérateur où Dieu est vainqueur du monde, du règne du mensonge. Mais dans un malin brouillage, on se plaît à interdire simultanément l'accès à notre propre vérité autant qu'à celle de Dieu. Non dans le respect du mystère de l'un et de l'autre, mais dans la volonté de nous tenir constamment à la périphérie de nous-même où ce n'est pas Dieu en effet que l'on rencontre, mais les idoles divertissantes. On ne fait tant de psychologie que pour mieux noyer la vérité intérieure, de sociologie que pour emprisonner l'homme dans le social. Mais, quand la vérité de Dieu en appelle à la vérité de nous-même, et que les deux obsessions n'en font qu'une, alors on assiste au dévoilement le plus profond de toute identité, sans que le mystère soit altéré. Alors ce qui est sûrement vrai est aussi tellement beau qu'il n'est pas indispensable de se lancer dans les preuves.

N'est-il pas significatif que dans le même temps on ait réprimé la confession de la foi et la confession des fautes ? Je sais bien que les librairies pullulent en ouvrages de « confessions », de mémoires ; je sais aussi que les divans des psychanalystes pullulent en patients pressés de s'aventurer dans leur inconscient, à la recherche d'un passé refoulé, à la recherche d'eux-mêmes. En vue d'éterniser le moi. Mais pourquoi, dans le même temps, cette répression de la confession personnelle, de la mise à nu de l'âme devant la vérité absolue de Dieu ? Pourquoi la proscription de l'examen de conscience ?

Parce que, s'il est arrivé de travestir sa vérité dans ses mémoires, et même de se donner le beau rôle dans les plus fâcheuses postures ; s'il est convenu de s'absoudre en même temps que l'on se confesse, ou tout simplement de n'user de la confession qu'en vue de se déculpabiliser de toute idée de faute, il est autrement exigeant de mettre à nu la vérité de son âme devant la vérité de Dieu. Cette exigence-là, celle de la vérité, notre propre vérité, il n'est que trop évident que notre époque l'a en horreur. La vérité de l'homme, dont on nous a rebattu les oreilles dans un souci d'exhibitionnisme plus que de vérité, ne nous a rien appris sur l'homme. La vérité de l'homme se tient où Dieu la découvre et non pas dans l'exhibition la plus extrême de ce que l'homme ou la femme ont tenu masqué. Le nudisme, le naturisme, ne nous ont rien appris sur l'homme. Mais que dans un acte de dépouillement intérieur, l'homme se regarde, non dans son propre miroir mais dans le miroir de Dieu, et ce qu'il voit lui en dit plus long sur lui-même et sur Dieu que toutes les plongées dans l'analyse psychologique. La confession personnelle est à la vérité ce que l'apprentissage de la lecture est à la découverte des grands auteurs : le passage obligé. Ce qui l'accompagne de désagrément, voire d'humiliations, n'est rien au prix de ce qu'il en surgit de lumière. Nommer sa faiblesse, nommer sa faute sans tergiversations possibles puisque celui qui écoute n'est pas un malheureux prêtre, mais la vérité de Dieu, est une opération qui prépare à la prière la plus nue, la plus vraie, la plus authentique. Confesser sa faiblesse et confesser sa foi se tiennent si étroitement par la main, que l'acte de foi de celui à qui répugne la confession personnelle est comme privé de son fondement. « Va, ta foi t'a sauvé » : cette parole que le Christ prononce chaque fois qu'il acquiesce à la prière de celui qu'il ne voulait d'abord pas écouter, s'adresse toujours à quelqu'un qui a justement commencé par lui confesser qu'il ne pouvait pas se sauver seul. Quelqu'un qui avoue simultanément qu'il est pauvre — pauvre pécheur — mais que Dieu est Dieu. Et que l'œuvre la plus grande de Dieu n'est pas la création tout entière, mais d'avoir sauvé l'homme de son péché. Dans le même temps où il annonce : la vérité vous délivrera, il désigne l'esclavage qui tient l'homme prisonnier, le péché. La vérité de Dieu est si belle, si resplendissante, si heureuse, que ce qui fait la lourdeur du monde et de l'homme — son péché : « Le spectacle ennuyeux de l'immortel péché », dit Baudelaire —, cela même est lavé dans le sang de l'Agneau.

Des imbéciles, comme Bernanos en dénonçait avec colère, ont cru de bon ton d'affirmer dans les salons du siècle que la splendeur des cathédrales faisait offense à la pauvreté des hommes. Mais comme les cathédrales sont pauvres elles-mêmes, quand il s'agit de louer la splendeur de la vérité de Dieu ! De cette vérité de l'homme qui est certes misérable si l'on s'en tient à elle — et ce siècle qui a prétendu construire l'humanisme sur l'homme privé de Dieu a montré clairement qu'il était prodigue en horreurs, ne serait-ce que celles des guerres totales et des goulags.

La vérité de Dieu qui est amour tire soudain la splendeur de la déréliction d'un Maximilien Kolbe et d'un Soljenitsyne, « car rien n'est impossible à Dieu ». Ce sont les mots de l'ange Gabriel à Marie qui a donné sans hésiter son oui à l'énorme proposition qui vient de lui être faite : que le germe même de Dieu se développe dans son sein. « C'est trop beau pour être vrai », aurait-elle dû répondre logiquement, humainement, intelligemment, à l'apparition. D'ailleurs, l'idée d'apparition n'est-elle pas trop belle pour être vraie ? C'est ce que répondit Zacharie lorsque le même ange Gabriel lui annonça qu'Élisabeth, sa femme avancée en âge, contre toute attente et toute logique allait lui donner un fils. Il douta, et fut condamné jusqu'à la naissance de l'enfant, à perdre la parole, comme saint Paul le sera à perdre la vue. Marie, elle, ne met pas en question ce qui est « trop beau ». Rien n'est trop beau pour Dieu. Rien n'est trop admirable. Que sa mère soit cette vierge, qu'elle enfante le sauveur du monde, que son oui commence à sauver le monde tandis que des millions de peut-être et de non le perdent tous les jours, rien n'est trop beau là où la vérité et la beauté coïncident. Dieu tout à coup balaie le règne de l'horreur. Le Magnificat est le chant même de l'être heureux qui vient de confesser sa faiblesse : « Il a jeté les yeux sur son humble servante, et désormais toutes les générations me diront bienheureuse. » Le bonheur absolu auquel vient d'atteindre Marie coïncide avec la vérité absolue, et toutes les époques, tous les hommes et toutes les femmes reconnaîtront que son « oui », l'humilité de son oui, a ouvert dans le monde un règne neuf. Tout ce que l'on a depuis lors appelé neuf s'est révélé bientôt très vieux en comparaison de cette nouveauté du oui de l'humble femme qui a rouvert à Dieu le monde. Nous savons désormais par où passe la vérité de Dieu, si belle que la joie de la contempler offre à l'âme un bonheur inépuisable et éternel. Elle passe par la simple confession de notre propre vérité, de notre propre impuissance à être Dieu. Il suffit de revenir sur les grandes illusions qui ont enfumé le siècle, qui attendait un homme — un surhomme — qui ne devrait plus rien à son Dieu, il suffit de revenir sur cette chimère, pour que la splendeur du vrai nous blesse à nouveau de sa nostalgie irrésistible, et bientôt de son évidence.

« Il y a au fond des choses une adorable pureté », disait déjà Sophocle, avant que cette adorable pureté n'ait révélé à Marie qu'elle allait surgir du fond des choses et du fond des êtres pour déployer sa lumière sur le monde. L'obsession de cette pureté, l'obsession de cette beauté, l'obsession de cette vérité est plus essentielle en l'homme que toutes les obsessions misérabilistes, peccamineuses, qui envahissent souvent son destin. « Il y a plus de joie dans le ciel pour un pécheur qui revient de son péché, que pour quatre-vingt-dix-neuf justes qui restent fidèles à la justice », dit le Christ lui-même. Qu'il soit pardonné à l'homme de n'être que l'homme, que de sa pauvre vérité Dieu tire une vérité d'une richesse inouïe, c'est l'expérience personnelle, quotidienne, sur laquelle le Christ a posé le sceau divin.

Que l'homme ait eu honte de sa vérité, qu'il ait tenté de camoufler derrière des proclamations orgueilleuses ce qu'il en était en réalité de lui — que l'homme ait voulu cacher à l'homme qui est l'homme — et qu'une complicité universelle se soit ainsi nouée entre les hommes pour soutenir le père du mensonge dans son œuvre de perdition, soit. Que l'homme veuille cacher à l'homme qu'il n'est que l'homme, et que cette illusion renouvelée avec chaque génération invente chaque fois des masques nouveaux, qui ne le comprendrait ? Mais pourquoi l'homme cacherait-il à Dieu ce que Dieu ne sait que trop bien, et à quoi il a offert le pardon éternel ? Pour toujours, Dieu a pardonné à l'homme de n'être que l'homme, et de cette vérité reconnue, il a tiré une aventure que Lui seul pouvait écrire, parce qu'elle ne condamne plus les hommes à cette pauvreté. Elle ne les condamne pas à se perdre à jamais dans leur misère, elle ne les condamne pas à leur misère. « Il abaisse les superbes, il élève les humbles », dit le Magnificat.

A l'un de mes enfants, à qui je faisais répéter un jour sa leçon de catéchisme sur la confession, je demandais : « Mais enfin, Thomas, pourquoi se confesser à Dieu de ses fautes, puisque Dieu sait tout ? » Et, comme la vérité sort de la bouche des enfants, Thomas me répondit aussitôt : « Oui, papa, Dieu sait tout. Mais on se confesse pour lui montrer qu'on le sait aussi. » Comment mieux dire cette prise de conscience de la vérité humaine qui, loin de nous emprisonner dans la vérité humaine, nous ouvre à la révélation de la vérité divine ? Comment exprimer de manière plus directe le lieu de communion à la vérité entre Dieu et l'homme ? Que l'obsession de la vérité de Dieu se traduise par une obsession de dépouillement du mensonge humain, de détachement de la comédie humaine, y compris dans sa manifestation religieuse, comment en serait-il autrement ? Dieu ne s'adresse pas aux masques, si avantageux soient-ils pour l'homme. Il n'a plus rien à dire à l'homme qui a reçu sa récompense et qui s'en félicite devant lui. On se souvient du pharisien : « Je ne suis pas comme cet homme misérable, je suis... je fais... » Quant au publicain, honteux même d'être dans le temple, il se tient en retrait. Mais, dans ce retrait, Dieu le voit, et à cette humanité qui ne se couvre d'aucun masque, à cette humanité vraie, la vérité de Dieu est livrée tout entière.

12
L'obsession de Dieu

« Dieu seul parle de Dieu » : l'obsession de Dieu n'est que l'obsession d'entendre Dieu parler Lui-même. Et par conséquent de substituer à nos paroles sur Lui, une Parole de Lui. Chaque fois que, dans l'histoire humaine, un homme ou une femme se sont présentés aux autres hommes comme les messagers de ce Verbe divin, ils ont certes éveillé l'espoir, fondé ou non, de toucher à une source plus qu'humaine. De pénétrer l'impénétrable. Qu'abusant de cet espoir, des hommes, qui n'avaient aucun mandat divin, aient osé prétendre le contraire — quelquefois de bonne foi, ce qui ajoute à la confusion — n'a certes pas simplifié le souci essentiel d'entendre Dieu parler aux hommes. Mais cette obsession, pour abusée qu'elle ait été à travers l'histoire, n'en reste pas moins une part irréductible de la vérité humaine. Qu'il soit offert à notre soif un breuvage artificiel ne rend pas cette soif moins authentique. Qu'elle se trouble et se perde à boire à n'importe quelles fontaines, condamne ces fontaines mais non pas ce qui nous y a conduit. Simone Weil parle à juste titre de « cette partie supérieure de l'âme qui ne se nourrit que de faim », tant elle craint de trahir sa faim en la nourrissant d'artifices. Elle préfère garder son appétit à le combler d'erzats. « Si on place l'infini au niveau où le fini convient seul, dit-elle encore, peu importe de quel nom on le nomme. »

L'homme a soif de Dieu. Cette évidence qui appelait naguère, de la part de celui qui la proférait, une audace certaine, redevient une banalité. L'homme a soif de Dieu, et Dieu seul répond à la soif qu'il inspire. Y répond-Il ? Là est la question. L'obsession de cette réponse est d'autant plus profonde que la soif de l'homme est plus profonde. La plupart, au moins dans le quotidien de l'existence contemporaine au sein des cités — car des millions d'hommes continuent de vivre autrement — ne pensent pourtant à Dieu que rarement, et la soif qu'ils ont de Lui semble bien furtive. Certains vont jusqu'à dire, parce qu'ils le croient, qu'ils n'ont jamais éprouvé cette soif, et encore moins cette obsession. François Jacob, Claude Lévi-Strauss, Jean Vilar m'ont soutenu le plus tranquillement du monde qu'ils ont vu s'éloigner Dieu comme on voit fondre la neige à la fin de l'hiver : sans laisser de traces dans leur vie intérieure ou dans leur destin. Cette soif que j'affirme universelle, voilà au moins trois hommes pour dire qu'ils ne la connaissaient pas.

Mais il a été assez dit que les croyants étaient dupes de leurs croyances, pour que l'on ose dire aussi, quand on y regarde d'un peu près, que nombre d'athées ne sont pas moins dupes de leur négation. Je ne parle évidemment que des gens de bonne foi. Lorsque la Phèdre de Racine, obsédée d'Hippolyte, ose dire : « Même aux pieds des autels que je faisais fumer, j'offrais tout à ce dieu que je n'osais nommer », sa lucidité sait bien que, sous le nom de Dieu, l'homme n'adore pas seulement Dieu. Le siècle a fouillé dans cette adoration pour y chercher et y trouver ce qu'elle recelait de plus étranger au divin. Mais le siècle n'a pas encore agi de même avec ceux qui pensaient en avoir fini avec Dieu parce qu'ils en ont fini avec les religions, les Églises, les clercs. Parce que ces réalités, on en convient, sont loin de se confondre avec Dieu ; ceux qui s'en éloignent sont loin de s'éloigner de Dieu. On n'en a jamais fini avec Lui. L'incroyant qui s'imagine que c'est Dieu qu'Il repousse parce qu'il repousse une Église, n'est pas moins dupe de lui-même que le croyant qui s'imagine que Dieu lui appartient parce qu'il appartient à une Église.

Lorsqu'il a affirmé par ailleurs son attachement à la justice, à la vérité, à l'intelligence, et qu'il se fait fort de reconnaître ces vertus, d'en juger partout et toujours, envers et contre tout, d'où vient cette « religion » qui croit se démarquer des religions ? Qu'est-ce qui nourrit ces exigences absolues de générosité, par exemple, dans un monde dont on affirme par ailleurs que tout y est relatif ? Quelle est cette soif de science qui rêve de science absolue et de connaissances sans limites, qui se scandalise d'une défaillance technique ? D'où vient ce besoin d'amour qui survit à tous les divorces, qui revient aux mêmes illusions quand même elle ait connu toutes les désillusions ? Quelle est cette obsession, quand on récuse Dieu, de découvrir un dieu plus absolu que lui, qui le réduirait enfin au silence, un dieu que l'on appellerait le savoir, ou le savoir-faire, la politique ou le social tout-puissant ? D'où vient cette soif d'une référence indiscutable ? Une pareille obsession est encore obsession de Dieu, mais qui n'ose dire son nom ou ne sait pas plus le dire que Phèdre aux pieds des autels qu'elle fait fumer. A l'inverse du croyant qui, sous couvert de Dieu, adore ses intérêts ou ses chimères, combien d'incroyants, sous couvert de vertus qu'ils croient laïques, adorent Quelqu'un qu'ils n'osent pas non plus nommer ?

Le Dieu refoulé n'est pas moins obsédant que le sexe refoulé, et nous commençons, en cette fin de siècle, à réaliser quelle part d'illusions il y avait chez les hommes qui prétendaient en avoir fini avec Dieu. Peut-être ont-ils été savants à dénoncer les songes et les mensonges des croyants ; il leur reste maintenant à en faire autant avec les leurs. Et alors Celui qui survit à tous ces débats humains, à leur mélange et à leur vanité, Celui que ni les errements des religions, ni ceux de l'athéisme, n'ont jamais en fait réellement concerné, retrouve, à travers quelques témoins privilégiés de son amour un Nom aussi nouveau et aussi pur que si l'histoire du monde ne faisait que commencer. Dans ce monde qui se disait affranchi de toutes préoccupations spirituelles et morales, soudain il nous est annoncé, avec quelque embarras il est vrai, qu'on ne peut jouer aveuglément avec l'homme, qu'il est des limites, en lui, qu'on ne saurait forcer, sans s'exposer à le voir disparaître. On croit entendre soudain la voix de Celui qui invitait l'homme, il y a deux mille ans, à se délivrer de toutes les illusions. Et quand je dis l'homme, je ne dis pas seulement le païen qui ne savait rien de Dieu, ou dont l'esprit était rempli de confusion à son sujet, mais le juif qui avait reçu de Lui tant de précieuses révélations à travers les prophètes. La voix divine qui retentit dans l'histoire des hommes ne s'adresse pas seulement à ceux qui croyaient ignorer Dieu, mais à ceux qui croyaient Le connaître, à ceux qu'il convenait d'appeler les incroyants, et à ceux qu'il convenait d'appeler les croyants. Les apôtres les plus proches éprouveront d'ailleurs quelque difficulté à l'accepter d'emblée. Selon un réflexe qui est toujours le nôtre, ils imaginaient que la voix divine s'adressait en priorité à ceux que Dieu préparait depuis des siècles à l'entendre. En fait, et Pierre et Paul trancheront aussitôt : quand Dieu parle, Il parle pour celui qui l'ignore et pour celui qui croit le connaître ; à l'un et à l'autre, ce qu'Il a à dire de Lui est tellement nouveau et tellement inattendu, que tout ce qu'on croyait savoir pour l'adorer ou le nier était comme rien devant ce qu'il révèle soudain de Lui-même.

Aujourd'hui, comme au jour où le Verbe de Dieu prononçait pour la première fois dans l'histoire ces paroles qui n'ont pas cessé d'y résonner avec un accent inimitable : celles des Béatitudes, celles de la Croix, celles de la Résurrection, ce n'est pas une Église seulement qu'elles concernent, ce n'est pas un peuple ou une culture. Aujourd'hui, comme hier, elles ignorent ces clivages. Et, soudain, comme saint Paul, Juif entre les Juifs, mais aussi le centurion ou le Grec, ignorant tout du judaïsme, ont reconnu avec la même gratitude la révélation qu'ils attendaient, aujourd'hui ce n'est plus seulement le chrétien qui retrouve le Christ. Au-delà de deux mille ans de christianisme, c'est le centurion et le Grec, c'est-à-dire l'athée et l'agnostique, qui sont appelés à la même découverte. « Ceux qui croyaient au ciel et ceux qui n'y croyaient pas », ceux qui l'avouent et ceux qui ne l'avouent pas, attendent soudain de Dieu qu'Il soit Dieu, au-delà de ce qui nous a été dit de Lui, au-delà de ce silence sur Lui qui fait que tant d'attentes ignorent que c'est Lui qu'elles attendent.

Le destin a fait que j'appartiens à ces deux mondes, et qu'autour de moi, parmi les plus proches, les plus intimes, je ne compte pas moins d'incroyants que de croyants, au point, sans y gommer le moins du monde mon identité, de me sentir aussi à l'aise avec les uns qu'avec les autres. De les sentir aussi à l'aise les uns que les autres avec moi. Ces deux livres, *Dieu existe-t-il ? Non*, *Dieu existe-t-il ? Oui*, dont l'audience ne s'est pas démentie depuis vingt ans, ne sont que la partie visible de l'immense communauté humaine dans laquelle, à travers le monde, le seul Nom de Dieu m'a permis d'entrer, et ces amitiés innombrables, ces rencontres indéfiniment renouvelées, me confirment chaque jour davantage à quel point la seule préoccupation commune à tous est le Dieu que les uns nient et que les autres adorent, mais dont les uns et les autres ne contestent plus qu'il est au cœur du monde comme une interrogation fondamentale. Quand on a pris ses distances, chez les uns, avec les débats intérieurs aux Églises, et, dans les Églises, intérieurs aux chapelles, et, chez les autres, avec les débats économiques, politiques, moraux, le seul Nom qui revient avec un accent universel, le seul Nom qui éveille une attention différente de celle qu'éveillent tous les autres noms, c'est celui de Dieu. Dieu est toujours le seul Nom qu'aient en commun tous les hommes, à travers le temps et l'espace, à travers ce que les hommes estiment les séparer. Et même quand ils se séparent sur ce Nom, ils l'ont encore en commun.

Si Dieu ne les obsède pas avec la même intensité, la même continuité, il n'en est aucun qui n'ait à une heure de sa vie souhaité que quelqu'un soulève le voile du mystère de sa propre destinée. Je n'ai pas encore rencontré un seul être humain qui, appelé au centre de lui-même où l'on ne discourt plus pour la place publique, ou contre elle, mais seulement pour soi-même, ne m'ait confié que son espérance, ou son désespoir, attendait que lui soit livrée la clef ultime de cette histoire si souvent étrange dans laquelle il est engagé. Lorsque François Jacob souligne que la science ne lui livre pas le secret d'un sourire féminin, il renvoie l'esprit humain vers ces questions inséparables de la conscience humaine, ces questions qu'aucun homme ne résout, si tous les posent, et qu'on ne saurait plus poser qu'à Dieu lui-même. C'est avec ces questions, devenues parfois des obsessions, que l'on avance vers Dieu, que l'on est réduit à n'interroger plus que Lui. La réponse qu'Il donne aujourd'hui, pour être écrite depuis deux mille ans dans un Livre, est cependant si neuve qu'on dirait parfois que personne ne l'avait entendue avant nous. Et il est vrai que Mère Teresa ne répète pas Vincent de Paul, ni Vincent de Paul François d'Assise. Que Dieu se saisit à chaque époque de ses saints pour nous rendre des oreilles, nous rendre des yeux que nous n'avions jamais eus, et qui nous permettent à nous, qui ne sommes pas des saints, de voir l'invisible, d'entendre le Verbe. Que nous n'ayons pas vécu, il y a deux mille ans, sur les pas de Jésus, et que vingt siècles nous séparent historiquement de lui, ne change rien à la question qui se serait alors comme aujourd'hui posée à nous : « Qui dites-vous que je suis ? » Et certains qui avaient entendu Jésus, qui l'avaient vu, l'ont méconnu ; tandis que d'autres qui avaient écouté la même parole, sont morts à leur tour pour rester fidèles à cette parole. Aujourd'hui comme hier, nous avons besoin d'oreilles qui entendent et d'yeux qui voient, et ce besoin est commun à celui qui croit connaître Dieu comme à celui qui croit l'ignorer. Ce besoin est celui de l'Homme. De tout homme qui ne veut pas traverser sa destinée comme un aveugle et comme un sourd, de tout homme qui cherche l'interlocuteur valable de son âme, et qui ne croit plus son époque quand celle-ci entend affirmer que cet Interlocuteur n'existe pas.

Table

Collection DDB

Hans Urs von Balthasar,
L'Enfer. Une question.
Espérer pour tous.
Si vous ne devenez comme cet enfant.

Maurice Bellet, *L'épreuve.*

Christian Chabanis, *Obsession de Dieu, les chemins de ma vie.*

Olivier Clément, *Anachroniques.*

André Dumas, *Les vertus... encore.*

Henri Fesquet, *Pensées buissonnières.*

Jacques Gaillot, évêque d'Évreux,
Foi sans frontières.

Henri Gouhier, de l'Académie française,
Benjamin Constant devant la religion.

Jean Guitton, de l'Académie française,
L'Absurde et le mystère.
Le Nouveau Testament.
Silence sur l'essentiel.

Gwendoline Jarczyk, *Éloge des libertés.*

Cardinal Journet, *Notre père qui es aux cieux.*

Yves Ledure, *Transcendances.*

Marcel Légaut,
Travail de la foi,
Un homme de foi et son Église.
Patience et passion d'un croyant.

Louis Lochet, *Vers une Église différente.*

René Marlé, *Introduction à la théologie de la libération.*

Gaston Pietri,
D'une rive à l'autre.
L'heure du choix.

Ernest Poivre,
L'annonce faite de Marie dans l'Ancien Testament.

Yves Raguin, *Maître et disciple.*

Gabriel Vahanian, *Dieu anonyme.*

Paul Valadier, *Nietzsche, l'athée de rigueur.*

Achevé d'imprimer le 10 octobre 1990
dans les ateliers de Normandie Impression s.a. à Alençon (Orne)
pour le compte des éditions Desclée de Brouwer.
Dépôt légal : octobre 1990

Imprimé en France